密教入門 1

不動明王信仰

釋惟勵法師◎編著

自序

諸佛所說之教門，雖有大乘、小乘、三乘、一乘、顯教、密教種種之別，而真言密教者，乃是佛教之總體，亦是真髓。大日經以因、根、究竟之三句為宗，三句之中，因如播種，即發菩提心；根如根幹開花，即發心後之修行；究竟如結果實，即修行之後佛果圓滿。而今之佛教學者對密教的教相與事相一知半解，每相疑怪，或是嘲笑，不知密教之所以耳。今遇殊勝因緣編述密教入門——《不動明王信仰》一書，以略述密教大意與不動明王的事跡，令佛教徒了解不動明王的偉大精神，誓願發菩提心斷煩惱，以智慧火淨化身心、親證佛果。

誓言感謝本尊不動明王廣大無邊的慈悲，願以修行來體驗本誓言。

- 遵從本尊的奴僕行為，服務世間人人。
- 依據本尊羂索的訓諭，過著相互協助的生活。
- 以本尊磐石般的決心，忍受一切苦難。
- 如本尊熊熊燃燒的火焰，全心全意努力求精進。

- 體會本尊堅毅不拔的心，致力於精神統一。
- 以本尊利劍般的智慧，正確判斷喚醒真實的自我。
- 蒙受本尊的加持力，祈願獲得平等的利益。

願與所有的佛教徒共勉之。

釋惟勵　敬識

撰序於青龍山不動寺靜室

目 次

不動明王信仰

日本的不動尊信仰

不動尊，全身青黑，忿怒至極。
左手持索，右手握劍，趺坐磐石上。
置身於熊熊烈火中。
如大劫之火。

——弘法大師『祕藏記』——

一、不動尊

不動尊信仰

「不動尊」在日本可以說是家喻戶曉的神祇。聽到「不動尊」時，通常大家都會立刻聯想到熱鬧的廟會、節日等。參加畢業旅行或團隊旅行時，也有很多人會來參拜不動尊。年輕人們對不動尊也不陌生，因為他們常會祈禱不動尊保祐他們行車安全。

老一輩的人在兒時應該都曾隨身配帶著一個印著「成田山」字樣的守護袋。而許多人的家裡還祭祀著不動尊的護摩牌。一提到護摩，眼前便會浮現出身浴火焰、尊容恐怖的不動尊像，而令人無法忘懷。

當你和友人談天時，往往會由言談中明白到有許多人從小便是在信仰不動尊的家庭中長大。但是，信仰者並不會強迫對方要對不動尊有信心，也不會對不動尊有何議論。因此，不動尊很少成為一種話題。許多人把參拜不動尊視為理所當然的事，所以認為沒有必要特別去談祂。而往往只是在言談間讓人自然地了解到「我家也信仰不動尊」。

在第二次世界大戰前的東京，不動尊信仰可以說是融入了市民的生活中。當提起每月的一日、十五日、二十八日時，幾乎所有的市民都會想起不動尊。商人及工匠們會組團來參拜不動尊；包含歌舞伎俳優在內的藝能界人士、飲食業、花柳界的人亦會組隊來參加護摩會。這就是明治・大正時代的東京風物誌。

戰後，東京都民的生活有了巨大的轉變。終戰當時，到一般神社佛閣參拜的人數劇減，而參拜不動尊的人數則更勝於戰前，且年年都在增加。包括千葉縣・成田的新勝寺、川崎大師平間寺、高尾山藥王院，每值節日或初詣（新年後第一次參拜神祇）來參拜不動尊的人總是最多。參拜不動尊的層次比以前更為擴大，任何年齡層、任何職業的人均可愉快地來參拜祂。

信徒們

得以愉快地來參拜不動尊可以說是不動尊信仰的一大特性吧！以前也曾有人在走投無路之際，賭命祈禱不動明王加護而在九死一生中獲得再生的機會。不過大部分的信徒並不是在諸事不順的時候才來參拜不動尊、參列護摩，而是覺得參拜不動尊、參列護摩、被授予護摩牌後，會令他們感到心安。熱忱的信徒們每天早晨還會在家裡誦讀不動尊的真言。當你有什麼心願想要達成時，應在一定的期間內忌口飲酒、抽煙、喝茶或吃零食等，並向不動尊起誓。在必須下重大決心時，應在絕食修行的地方祈求不動尊保祐你。

但是，除此之外，在日常生活中就沒有必須特別遵守的戒律了。江戶時代的成田詣（至成田參拜神祇）宛如是往來三天兩夜的一場休閒活動，有許多人在去或回來的時候都在船泊邊的旅店內遊興。因此，男人們便隨便編了一個理由說：「夫婦不能一起到成田參拜不動尊」，其實他們是不喜歡跟太太同行，以免敗興而歸。由此可見，即使在參加神聖的宗教儀式時，有什麼不好的品行，也不會有罪惡感。

宗教上的寬容

據說日本人對於宗教的信仰抱持著極為寬容的態度。關於這點，不動尊的信徒們倒是做得很徹底。他們不但信奉不動尊，也同樣信奉觀音、地藏王、藥師尊、帝釋尊，以及稻荷尊、入幡尊、明神尊等。他們覺得參加過護摩的翌日，再去扛神社的御輿並非自相矛盾的事。將不動尊的護摩牌、太神宮尊的護摩牌共列於神龕之上；在小孩子的守護袋裡放著不動尊的守護牌與水天宮尊的御符，也都是時有所見之事。

在日本的歷史上很少發生宗教戰爭，而在所有發生過的宗教戰爭中，尤以島原之亂最為激烈。這場戰爭的主導者是天主教中極為強硬的天主教徒們所掀起的，其不僅是單純地為宗教而戰，還包含社會的因素在內。此外，在戰國時代還爆發過淨土真宗的集體作亂、日蓮宗的法華之亂，此二者均為宗教戰爭。然而這兩種宗派在佛教中，具有極為罕見的排他性。除此之外，比叡山、三井寺、根來等的僧兵，只不過是單純地為爭奪勢力，並不是宗教戰爭。由此可見，日本佛教的宗派乃具有宗教的寬容性。

此一寬容性大多與日本人本身的性格有關，不過，另一源由則來自佛教本身的態度。溯及印度人的宗教時，可以顯見其少有偏狹之處。論及不動尊信仰的寬容性亦應溯及當時。大約在十世紀，伊斯蘭教侵入前，印度境內未發生過宗教戰爭。

印度人的宗教

雅利安民族約莫在西元前一五〇〇年越過西北邊境來到印度。直至今日，該民族的文化仍是印度境內最具影響力者。該民族在當時已擁有聖典，而基於這部聖典成立了婆羅門教，到中世以後則稱此教為「印度教」。雖然雅利安民族信奉的宗教，在名稱上有所改變，但是，由其基本源流看來，在三千年間其淵源仍是脈絡相傳的。大約在西元前五〇〇年，經由釋迦牟尼佛的闡釋佛教，使佛教於往後的一千五百年間在印度高居最大優勢。

雖然佛教與婆羅門教所抱持的人生觀、世界觀不同，但是，兩者並沒有因此而引發宗教戰爭。學者間如有不同的看法也僅會做理論性的爭議，而不會訴諸武力。其實這兩種宗教均否定暴力，且不認為一般民眾該捲入血腥的宗教戰爭之中。

近代印度教分歧為幾個支流，而這些支流均是以毗紐神和大自在天為其代表神。一般信徒相信毗紐神住在天上界，其為救助世間生靈，而化身為各種形相來到凡界。而各種形相即謂「權化」。佛陀乃權化之一。因此，毗紐神的信徒認為，佛陀也是毗紐神。對他們而言，參拜佛跡乃是理所當然之事，所以他們不會無謂地敵視佛教。

同樣地，佛教亦沒有敵視婆羅門教諸神。在日本，有些寺院也會供奉梵天、帝釋等原本是婆羅門教的神祇。四天王、鬼子母神、辯才天、吉祥天女等均為印度諸神。而大黑天在印度乃是具有恐怖形相的神。日本的摩訶迦羅天也是具有恐怖形相的尊神，但迄至後世則與具有柔和形相的七福神之一——大國主命混同了。

印度人的宗教寬容性迄及於現代，其甚至想要試著同化基督教，但是由於像基督教與伊斯蘭教這樣的一神教十分排斥異教，使其無法達到這個理想。

朝誦「南無妙法蓮華經」，夕唸「南無阿彌陀經」

我們暫時先撇開不動尊信仰的問題不談，而來談談佛教寬容性的問題。比叡山延曆寺乃是傳教大師最澄主持的天台宗總寺院。雖然同為天台宗，但是中國的天台宗極為排他、獨善，而日本的天台宗乃採用佛教的各種教義，形成一種綜合性的宗派，包含與真言宗具有共通性的密教在內。這些宗派均有護摩的儀式，而朝誦「法華經」、夕唸「阿彌陀經」亦為日常的慣行。對日本的國民而言，這是十分自然的事情。

但是，時至十二世紀至十三世紀的動亂期，有些人認為綜合主義太過含糊，而主張由禪、念佛、法華之中擇其一，並由這種排他性的獨善主義各個獨立而創建新的宗派。這些新創的宗派中，尤以淨土真宗、日蓮宗最強烈主張自己的信念而非難其他的宗派。除了這些宗派之外，日本大多數的國民都能滿足於「朝誦南無妙法蓮華經，夕唸阿彌陀經」式的信仰形態。

菩提心與明慧上人

居住在京都北郊梅尾的明慧上人高弁是一位術德兼修、高風亮節的名僧。他初聽說法然會講說平易的念佛之道給眾生聽，以便引導人們進入佛教的殿堂時，認為那很不錯，但是，當他讀過法然的『選擇本願念佛集』之後大感震驚，因為法然在書中指出只有佛教是正教，佛教以外的那些阻礙念佛的宗教乃是「群賊」。法然甚至還否定「菩提心」（祈求悟道之心）。高弁原本是一個敦厚，而惡與人爭的人，但是，他不能無視於這種論調，於是便以他罕有的激烈筆調著述『摧邪論』（「論破邪教」之意），來指責法然的獨善式念佛。

根據高弁的說法，念佛並不是不好。但是，在廣博遠大的佛教思想中，即便是尚未與佛結緣的人也能夠輕易地朗朗上口「南無阿彌陀佛」。如果學會了簡單的念佛，自然就會邁入佛教之道，進而引發祈求菩提之心。因此，他認為否定「菩提心」的法然言論乃是不對的。

高弁的這番議論由印度以來的佛教教義看來是正確的。話再說回到印度，釋迦牟尼說法時，總會考慮到對方的立場與能力。亦即，先了解對方的程度，然後講述使他能理解的教義，接下來再牽著他的手慢慢帶領著他往前走。突如其來地跟對方說：「你的想法錯了。」「如果你擁有那種信仰，該被處罰。」「不准唸其他的經！」等，是佛教不容許的行為。讓人有進入信仰之道的契機，才是最重要的。

因此，釋迦牟尼並沒有否定婆羅門教的諸神，也認為民間信仰的符咒並沒什麼妨害。只要對菩提心有助益，任何宗教均有其存在的意義，基於這種理念，佛典中包含著各種的教義。

大乘佛教

大乘佛教詳細地說明了釋迦牟尼的真意。大乘經典的種類及量都很多，但是，它指出在人類的歷史中出現在凡界的佛陀只有釋迦牟尼一人，而佛陀可以說是人類的理想像。不過，佛陀的形相會改變，而各種形相各有其理念。唯其本體為佛陀。因此，人們除了信奉釋迦牟尼之外，還會信奉其他若干的佛陀。

未來佛

自古以來即傳說著，當釋迦牟尼的佛法為世人所遺忘時（據說是五十六億七千萬年後），彌勒佛陀會出現在這個世上。而將來的佛陀現今則在兜率天（即天上界）等待機會。人們稱將來可能會成為佛陀的人為菩薩。因此，彌勒是現在的菩薩，也有人稱所有將來可能成為佛陀者為彌勒佛。

過去佛

根據佛教所言，我們這個世界叫做娑婆世界，其教主是釋迦牟尼。在同一個世界中不會同時出現兩個佛陀，而祂們會分別在隔代中出現。彌勒佛出現在釋迦牟尼之後，那麼，釋迦牟尼出現在那些佛陀之後呢？我們無法由歷史中確切證明過去佛的存在，但是，自古以來即有過去佛的信仰。也許在釋迦牟尼在世的當時就有這樣的信仰吧！根據古老的經典記載，在釋迦牟尼之前有六個過去佛。

大乘經典中列舉出許多過去佛的名字，但是一般人都罕以這些過去佛為供奉的對象。

別的地方也有佛國土

佛教認為佛陀會隔代出現，也認為在不同的空間裡會出現其他的佛陀。西曆紀元前後，在印度佛教中盛行著「別的地方也有佛國土」的信仰。釋迦牟尼在我們現在所居住的娑婆世界中傳授佛法，而東南西北上下等處還有許多佛國土，在各個佛國土中分別有不同的佛陀在弘揚佛法。亦即，在太陽系以外的地方應該還有太陽系，而那邊亦如地球一般居住著許多人類，佛陀即出現在彼處說法。

古代印度人運用其豐富的想像力，將他處的佛國土描寫在經典中。這些佛國土被美化、理想化為「淨土」。一心憧憬著這些淨土的信徒們希望死後能夠在淨土上重生。他們稱自己所居住的現實娑婆世界為穢土，欣求死後能脫離穢土，往生極樂淨土。

在眾多其他的佛國土中，尤以東方的阿閦佛、同為東方的藥師佛、西方的阿彌陀（無量光、無量壽）佛等的信徒為多。這些均是經由中亞傳入中國，而盛行於唐朝的信仰。以中國看來，西方有佛陀之國——印度位於西方，而且是太陽沉落的位置，是死者之國，故而阿彌陀淨土的信仰盛行於中國，其盛行之程度幾乎到了只要一說淨土就讓人聯想到阿彌陀佛的極樂（安養）世界。但是，在印度，只有淨土的信仰尤其不普遍。

日本的阿閦佛、藥師佛、阿彌陀佛信仰是自奈良朝時代流傳下來的。其中尤以藥師佛的信仰最為盛行。自奈良朝迄今，藥師佛信仰可說已深植人心，現在幾乎每逢祭祀日，民間便會熱熱鬧鬧地慶祝一番。

日本依循中國的阿彌陀佛信仰，自平安朝末年即廣為流行而形成一股強大的勢力。

二、印度佛教

佛陀們

承如前述，釋迦牟尼、彌勒佛、阿彌陀佛等眾佛的信仰傳入中國之後即廣為流行，然而，這些佛陀究竟是不同的佛陀呢？抑或原本是同一個佛陀呢？若欲探究這個問題的答案，必須追溯印度佛教的歷史。

在前文中我已說過，曾出現在這個世上，而目前已成為歷史人物且確為人知的只有釋迦牟尼一人，據說在祂之前有過去佛，但是這究竟是單純的信仰呢？抑或是歷史的事實呢？我並不知道。釋迦牟尼是紀元前五六〇—四八〇年左右的人物。當時有許多人信仰釋迦牟尼的教義，而奉其為師，並組成出家教團、皈依佛門。

佛舍利信仰

釋迦牟尼八十歲圓寂時，其弟子及信徒們將其遺體火葬，並於火葬後拾起遺骨，將遺骨視為舍利敬崇之。弟子及信徒們為了要供奉舍利，而在十處建造卒塔婆。那是圓饅頭型的大塚，其以煉瓦、石材裝飾而成。後來，其裝飾部分漸漸被擴張，而形成大型的建築物——塔，而原先的圓饅頭部分也演變成建築物頂上的裝飾。中國及日本仿照印度這些建築物的造型而建造了三重塔、五重塔。這些塔原先都是用來供奉佛舍利、思慕釋迦牟尼的遺德。

法身佛

但是，有的人卻懷疑為什麼釋迦牟尼如此尊貴呢？釋迦牟尼在圓寂前曾對阿難說：「我已經八十歲了，我的肉體如破車一般，一邊修理一邊勉勉強強地動著。」此外祂還訓諭阿難：「我圓寂後你只要依賴我所教你的法就好，不要依賴其他。」

佛陀之所以為佛陀不在於祂的肉體，而在於世尊（對釋迦牟尼的尊稱）所說的永恆真理（法）。建塔供奉舍利是為了藉由思慕世尊，進而追求永恆的真理。佛陀的本質不是在於出現在地上的人類的形相。八十年的生涯只不過是佛陀的假形相。超越生死的永恆真理才是佛陀的本體，是其本質。由於釋迦牟尼以其形相來具現永恆真理——法，所以其形相乃是「法身」。雖然祂的肉身焚化成灰，但其法身是永恆不滅的。

據說在「原始經典」中也載有釋迦牟尼的本質是法身之說，但是，大乘經典則以法身為中心而加以考察。

汎神論與汎佛論

我們人類的生活、自然現象……，包含一切在內的宇宙間的活動均是依循著一定的秩序進行。違反秩序的事情一件也不會發生。古代思想家們深為這偉大的宇宙秩序所感動，而認為這一切均是全知全能的神所創造的。在印度也有這樣的思想，基督教亦然。但是，不滿於這種想法的哲學家們說明，宇宙秩序的本身即是神的形相。宇宙之外不應有別的創造主。古代的希臘也好、近代的歐洲也好，均有具備上述想法的哲學家。亦即，他們主張萬物均是神的汎神論。

另一方面，大乘佛教將宇宙的理法、人類生活的法則等所有蘊含真理者均冠上「法」之名。而「法」即是佛陀。因為法即是佛陀，所以這種教義也可以稱之為「汎佛論」。法即是佛陀，故而冠以法身之名。法身形成自然現象、人類生活而顯現出來。人類也不能脫離法身，如果人類不能悟出這個道理而迷失在其間的話，就是一介凡夫。

毗盧遮那佛

宇宙本身即是法身，所以我們無法以感覺來掌握法身。但是法身會因慈悲而顯現出讓我們容易親近的形相，那就是法身佛。顯現出來的法身佛有形也有名，其名為毗盧遮那佛，也就是大日如來。

毗盧遮那佛之名出自婆羅門教文獻中的最高神之名。祂是自古以來即為印度民族所信仰的神祇，而一般人慣稱其為毗盧遮那佛或大日如來。不動明王確實是大日如來的使者，亦是其化身，關於這點我將在後文中再作說明。釋迦牟尼、彌勒佛、藥師佛或阿彌陀佛事實上也就是毗盧遮那佛。

比方說，在『梁塵秘抄』中就收錄了以下這首歌：

「眾佛其實是一體的。藥師也好、彌陀也好、釋迦及彌勒也好，祂們和大日是一樣的。」（十方一切佛、同共一法身）

『梁塵秘抄』是後白河法皇在一一六九年蒐集流行歌曲編輯而成的一本書。書中蒐集的佛教之歌乃是法文之歌。當時，住在都市裡的人都知道藥師、阿彌陀、釋迦、彌勒等各佛陀的本體就是大日如來。

大日如來坐像

華嚴經

大日如來之名在平安朝才初為人知。如前所述，實際上毗盧遮那佛和大日如來是同一個本體，而知名的奈良東大寺的大佛即是毗盧遮那佛。東大寺是聖武天皇為了還願而建造的華嚴宗之寺。其教理乃以『華嚴經』為依據。

『華嚴經』乃是大乘經典中具有代表性的經典之一。它除了有六十卷本、八十卷本之外，還有只將其中一章（「入法界品」）另外譯出的四十卷本。這部經典乃是一部豪華的劇本，其由絢爛、壯觀的大場面揭開序幕。這個大場面是菩提道場，剛開悟而成為佛陀的釋迦牟尼就在菩提樹下沈默地坐禪。無數的神及菩薩聚集在那裡，唱歌來讚美佛陀。從釋迦牟尼身上散發出來的光芒照射到各個角落，而使在場者得以看到許多的佛世界。

各個佛世界都有佛陀，包含釋迦牟尼在內，所有的佛陀實際上都是永恆不滅的佛陀，也就是毗盧遮那佛。剛剛才開悟成為佛陀的釋迦牟尼和其他的佛陀一樣，其本體均是毗盧遮那佛。也就是說，釋迦牟尼及其他許許多多的佛陀都是唯一存在的毗盧遮那佛的化身。毗盧遮那佛是所有佛陀的本體，也是宇宙萬物的本體。

基於『華嚴經』的教理，唐朝的賢首大師法藏得以集華嚴宗之大成。天平年間，唐朝的道璿、新羅的審祥繼續傳授之，而由日本的良弁承續下來。東大寺不但是華嚴宗的總寺院，同時也是全國國分寺的中心。

東大寺的大佛

東大寺是西元七二八年遵照聖武天皇的聖旨而建造的。金銅色的毗盧遮那佛坐像高達五丈三尺五寸。大佛殿曾在十二世紀及十六世紀分別遭受過兵戎之害，而為戰火波及。歷經戰火後重建的東大寺一直保存到現在。它可以說是一千二百多年來，日本佛教的象徵。

在毗盧遮那佛台座的蓮花瓣上浮雕著許多的佛及菩薩。此一景象乃是依據『梵網經盧舍那佛說菩薩心地法門品第十』中的「盧舍那正坐在蓮花台上，在四周的千華上有千位釋迦，一華有百億之國，一國有一釋迦，各自坐在菩提樹下，在短時間內即修成佛道。」而來的。此思想同於『華嚴經』。無數的佛陀源自包容整個宇宙的毗盧遮那佛。

供奉著這尊大佛的東大寺乃是日本全國的總國分寺，而東大寺內的戒壇院已成為授戒所有僧侶的場所。釋迦、藥師、彌陀、彌勒等的本體都是東大寺內所供奉的毗盧遮那佛，足見其意義非常深遠。

華嚴經至大日經

弘法大師空海離京之後，於十八歲才開始在大學內學習儒教。由於在學校所學的儒教並不能滿足他，所以他就出家而致力於佛教的修行。他在諸國的山野中修練、在奈良學習佛典，但是卻越學疑問越多。有一天，他來到東大寺的佛像前面，對著佛像祈願：

「我依從著佛法尋求真理。但是，在閱讀過三乘、五乘、十二部經等各種教理之後，我的疑問仍無法解開。祈願三世十方的諸佛能指點我不二之真理。」

結果，他在大和國高市郡的久米寺東塔內發現了『大毗盧遮那成佛神變加持經』。其略名為『大日經』。

空海閱讀了『大日經』之後，果然真正地了解了佛教的真髓。這部經典是印度人善無畏在七一六年來到唐朝的長安翻譯的。在這位譯者去世的那年（七三五年），玄昉們回國，第二年道璿來到日本，所以『大日經』可能是在那個時候被帶到日本來的。不過，由於『大日經』十分艱澀難懂，所以幾乎沒有一個人能解讀，但是，當時空海已經閱讀了許多佛典，也精通『華嚴經』，所以他一下子就能理解『大日經』的重要性。對空海而言，這部經典正是他所尋求的『不二』教義。

在『華嚴經』中，法身——毗盧遮那佛默默不語，而由已了解法身佛之意的菩薩們說法。

但是，在『大日經』中，法身佛——毗盧遮那佛自己開口說法。這即是『華嚴經』與『大日經』的不同之處。法身佛不是我們所能理解與窺知者，因此，我們稱由法身佛自己揭示其秘密者為「密教」，而在此之前者均為「顯教」。『華嚴經』乃是顯教經典中的至極者。

大日經的內容及研究

『大日經』的漢譯本共有七卷。梵語的原典已迭失，至今尚未覓獲。而西藏語譯本大體上可以和漢譯本相互對照。這部經典的第一章是「住心品」，其說明了密教的根本教理。第二章以下詳細說明了密教的儀式，並教導行者（修行佛教的人）應為之作法。包含道場的構成、諸尊之姿、應唱的真言、結手印、護摩法等均記載在其中。據知在奈良朝時代已有密教經典，當時役行者是修行孔雀明王法，而空海很早以前曾研修過「虛空藏菩薩求聞持法」，但是這些經典都不如

『大日經』來得完備。

『大日經』的根本思想正如「住心品」的前文所言：「佛陀的開悟是以菩提心為因，以悲為根本，以方便（引導人的方法）為究竟（最高階段）。」「菩提是什麼呢？**菩提即是確實了解自己的心。**」人類的最高理想在於開悟。了解自己的心即是悟，但如果沒有付諸實踐的話，就不能了解自己的心，因此一定要有菩提心。

但是，只是這樣還不夠。如果只要自己好就好，而不管他人的情況變得如何的話，那就不能叫做菩提心。如果能給予所有的人、所有的生物幸福，那才是大慈大悲，才是佛陀之心。

為了實現這個理想，必須實踐「方便」。所謂「方便」即是指引導人的方法，但那並不只是手段而已。其最高目的為，做對人們有益、能夠對社會有所貢獻的事。換言之，追求佛陀的最高理想者，應努力不懈於對所有生物都擁有慈愛之心。『大日經』中即詳細教導了這個方法。

發現『大日經』之後，空海便立刻開始研究其內容。第一章「住心品」對他而言幾乎是沒什麼困難。但是，第二章以下所述及的儀式，雖然以前他多多少少有聽過一些，但是裡面還是有不少新的內容。在奈良的學問寺中，他找不到一個可以對談的人，也沒有一個人可以教他密教的道場構成及各個儀式。此外，對他而言要找一個可以用梵語說明應唱真言（曼荼羅）的人也是很難的。

新的疑問

在『華嚴經』中，始終保持沈默的法身佛——毗盧遮那如來在『大日經』中說法、問答。在『大日經』中與毗盧遮那如來對話的執金剛秘密主是誰？菩薩們的名字也已在『華嚴經』中出現過，但在『大日經』中還反覆述及不動尊及降三世，祂們究竟是指什麼呢？對年輕的空海而言，又有一個接著一個的疑問湧上心頭。

當時，有許多漢譯的佛典輸入日本，也有一些唐僧來到日本，還有一些在他處研修佛典的日本留學生，但是，其中鮮少有與密教有關係者。所以，空海無法由他們身上或由研究講讀中找到問題的答案。

七五四年來到日本的鑑真是律宗的權威，其對天台的造詣也很深，但是，他於青年時代到洛陽、長安研習佛典時，密教尚未完成，所以，鑑真及其弟子少有能夠傳授密教者。

在久米寺中發現『大日經』的空海無論請教誰都沒有辦法得到滿意的答案，所以他又渡唐研習。為了完成宿願，八〇四年（空海三十一歲時）隨著一行遣唐使遠赴長安，而接受當時最高的密教權威——青龍寺的惠果阿闍梨，傳授印度傳來的正統密教。八〇六年，空海回到日本開真言宗。而真言宗乃是奈良佛教中的一個新的宗派。

三、密教的由來

真言密教

弘法大師空海在長安學習密教的時候，正是印度及其周邊許多佛教國的密教全盛期。即使是印度佛教研究中心的那爛陀大學，在七世紀半葉亦盛行密教。從七世紀至八世紀，緬甸、蘇門答臘等地也有密教普及的記錄。

中國從三世紀左右開始翻譯密教的經典，至六世紀始翻譯記述著密教儀式、參拜等方面的佛典。在五〇六年譯成的『孔雀王咒經』，很早以前便傳入日本。修行者們均藉此修行咒法，而習得神通之力。

八世紀初葉，三位印度僧侶將正統的密教傳入中國，七一六年抵達長安的善無畏將『大日經』譯出。而善無畏的中國弟子一行便將其師所說的話筆錄下來，編輯成『大日經疏』。這本注釋書有益於理解經文。

七二〇年，金剛智及其弟子——不空金剛抵達長安。由於不空金剛來到中國時年紀尚輕，所以，他有充裕的時間翻譯許多密教聖典、培養許多弟子，而以不空三藏之名活躍於中國長達半個世紀，且聲名大噪於朝野之間。

空海即是繼承不空三藏的高徒——惠果之法脈。在中國，密教的傳統斷絕於唐末的動亂期，而後則沒有復興的機會。但是，印度密教的傳承卻一直由日本延續至今。

東密與台密

弘法大師傳入的真言密教乃以京都東寺為中心而榮盛起來，故而其以東密著稱。一般則稱其為真言宗。為了加以區別，便稱天台宗的密教為台密。東密與台密於平安時代競相隆盛，兩者均盛極一時。

傳教大師最澄和真言宗的弘法大師空海是在同一時間，但坐不同船次來到中國的。原先他為了學天台，而遠赴重洋來到中國，但是，當他滯留在中國數個月之後想要回國時，利用等船的時間在越州的龍興寺接受了順曉傳授的密宗。原先他們只是想專心一致於天台，但是當他們無意之間看見密宗的隆興時大為所動，於是便改變了主意。

最澄回到京都之後，不是以天台的學僧而知名，反倒是以密教的阿闍梨（師僧）之名而聞名。八〇五年八月，其於京都北郊的高雄山神護寺舉行日本第一次的灌頂儀式，這是密教的傳授儀式。翌年，空海回國。由於空海已獲得了正式的傳授，所以最澄接受了空海的灌頂，並向他學習密教的種種。同時，最澄亦將自己的弟子送往空海的門下學習。

最澄圓寂後，慈覺大師圓仁於八三八年、智證大師圓珍於八五三年亦遠赴中國，其於中國除了研修天台學之外，亦至長安修習密教，然後才回國。從這個時候開始，以台密道場之名而興榮起來的比叡山延曆寺及三井園城寺，便與東寺及高野山的東密相互對立。

密教的世界觀

『華嚴經』中不但載明了毗盧遮那佛是統合宇宙、獨一無二的至尊至高者，同時在經文中還出現了各式各樣的佛陀、菩薩。在『大日經』中出現了毗盧遮那及其他的佛陀，而除了菩薩之外，各佛陀均屬於明王、天部。

菩薩乃「具有成為佛陀資格者」之意。在小乘佛教中，是指在成為佛陀之前的釋迦牟尼，或是預定將成為下一位佛陀的彌勒。但是，在大乘經典中，列舉了無數菩薩之名為佛陀的候補者。

天部即是指，如：梵天、帝釋或四天王等婆羅門教諸神，亦即成為佛教守護神等諸神祇。

明王在密教經典中首度粉墨登場，但是，實際上祂的起源非常古遠。關於這一點，容後再詳述之。

佛陀之姿

佛陀乃是人類的理想像。法身佛即是宇宙本身，其不斷地展開活動、說法，這是我們這些凡夫所無法理解的。天體的運行、四季的變遷、創造抑或破壞等，均是法身佛（即佛陀）之行為。波浪的聲音、風的聲音、鳥的歌聲等都是佛陀的語言。自然的理法、人間的秩序等均是佛陀的精神。但是，我們都不知道這些。

我們希望藉由膜拜佛像來洗滌心靈，進而得救，但是，這種想法卻不能持久。我們認為如眼前所見的佛像一般非常完美的佛陀，跟我們是處於不同的世界；我們尤其認為成為法身佛——毗盧遮那佛是最偉大的，所以祂們不是我們的朋友。

菩薩和明王

我們認為觀音菩薩、地藏菩薩等都是可以聽到我們許願內容的神祇。祂們並非像佛陀一般是個完成者，而是永遠都在完成途中者。在大乘佛教中，由於菩薩會回應民間百姓的宿願，所以民間十分盛行菩薩的信仰。

許多人都是蒙受了菩薩的恩澤之後才開始信仰祂們的。然而，對於沒有信仰或即使有信仰，卻意興闌珊者而言，菩薩的慈愛並不能幫助他們。大部分的人是，明知其為惡，卻缺乏自制力去克制，以致一直墮落下去。對這種人，非得使其轉換不可。如何使其轉換呢？當然必須藉助於怒鳴或斥責。這便是佛陀的使者——明王的責任。在經典中指出，明王不但是佛陀的使者，同時也是佛陀的化身。明王的恐怖之姿恰好與菩薩的柔和之姿形成對比。此謂「忿怒相」。

三種輪身

人類若具有優異的才智、思索、瞑想、修為能力的話，將可觀想法身佛，而藉此得到解脫。但是，絕大多數的人是不具備這種能力的，因此，佛陀化身為菩薩之相，來到人類的身旁，隨著人類生死輪迴。觀世音以其三十三種形相化做我們的朋友、我們自己，來引導我們。地藏菩薩至地獄解救苦難者。

因為佛陀留在自己的位置，所以叫做「自性輪身」；菩薩以己之身來教導我們，故叫「正法輪身」；為了未獲救的人們，而示姿的乃是具有恐怖之相的「教令輪身」，亦即是實行佛陀命令之相。此「教令輪身」謂之明王。明王是佛陀派遣來的使者，但是事實上祂即是佛陀的化身。

明王的特色

由於教令輪身是使者，所以祂不像自性輪身一般擁有帝王的尊嚴，而顯示出做任何事都很積極的一面；祂不像正法輪身的菩薩一般柔和，而顯示出對於任何罪惡都無法寬恕的強硬態度。雖然祂顯示出忿怒之相，但是事實上祂和自性輪身是一體的，所以祂亦具有無限的慈愛。

明王的「明」有好幾個意思。第一個意思是無明之反意。「無明」即是人類根本之迷執，打破迷執即是「明」。第二個意思是真言陀羅尼。我們將佛陀所說的話稱之為真言、陀羅尼、明咒或明。真言宗之名即源自於此。保持明咒者謂之持明者，明王是其代表。

五大明王

除自性輪身——佛陀之外，尚有正法輪身——菩薩，與教令輪身——明王。

一般而言有五佛、五菩薩與五大明王，祂們分別是：

自性輪身	正法輪身	教令輪身
大日如來	般若菩薩	不動尊
阿閦如來	金剛薩埵	降三世
寶生如來	金剛藏王菩薩	軍荼利
無量壽如來	文殊菩薩	大威德
不空成就如來	金剛牙菩薩	金剛夜叉

在各經典中，上述之順序或多或少有些不同，只有大日如來與不動明王的搭配不變。

京都東寺安置的五大明王乃如右列之順序，按中央、東、南、西、北排開。但是，在平安朝的宮中則將五大明王橫排，將各明王均視為本尊，而由五位阿闍梨同時進行護摩，此謂「五壇法」。其後則慢慢形成只祭拜一尊不動明王的習慣。另外，除五大明王之外，還有將孔雀明王、愛染明王、烏蒭沙摩明王等視為本尊者。

不動明王

平安朝末代以後，明王僅是指不動明王；在『大日經』中，不動明王乃被視為極其重要者。不動尊之稱謂是正確的，但是如果再冠以明王的話，並不是稱為不動尊明王，而只叫做不動明王。也有人稱其為無動尊。不動使者意味著明王乃是大日如來的使者。雖說祂是使者，但事實上祂即是大日如來的化身。

不動尊事實上乃是已完全開悟的佛陀。但是，祂為了完成自己的誓願，而呈現開悟以前不完全之相，並主動地接受所有低賤之事。為此，祂變成色黑、肥滿、易於工作的奴僕模樣。祂為了粉碎所有的惡，而與其祂的明王一樣，顯示出忿怒之相。

曼荼羅

在曼荼羅中一一圖示了以上所述的各個佛陀、菩薩、明王、天部。其分別安排好為宇宙中心、整個宇宙的象徵——以大日如來為中心的佛陀們、菩薩以及明王的位置周圍，還排列著天部眾神。古代印度曾在戶外以土築壇，捏製土偶，並將土偶排列於土壇外。殘存於現在印尼爪哇島上的「婆羅浮屠佛塔」大遺跡便是一種曼荼羅。

弘法大師空海所閱讀的『大日經』，在第二章『入曼荼羅具緣真言品』中便詳細說明了曼荼羅的構成。經典中只以文章來說明，未能盡書其意。長安青龍寺的惠果為此而動員畫工來詳細描繪曼荼羅，這即是「現圖曼荼羅」。就細微之處看來，現圖曼荼羅未必與『大日經』的說明一致。但是，日本密教乃以此為標準。

空海從長安帶回來的曼荼羅現今保存在高雄神護寺的「高雄曼荼羅」（或稱「現圖曼荼羅」）。其臨摹本目前已廣泛流傳於世。此曼荼羅共有二幅，其中描繪有：在金剛界的一四六一、在胎藏界的四一四尊像。不動尊則被安置在胎藏界的持明院中。

曼荼羅乃以大日如來為中心，而分別描繪出金剛界、胎藏界眾尊像。在密教最高的儀式——傳法灌頂中，受者（接受傳授的弟子）會被矇眼帶至曼荼羅前，依據阿闍梨（師僧）的指示，將手中的花拋向曼荼羅。這朵花投中那一位尊像，即表示該受者與這位尊像有緣。弘法大師在長安青龍寺接受灌頂時，曾兩次都投入中央的大日如來，而令在場的惠果阿闍梨大嘆「不可思議、真是太不可思議了」。藉此因緣，空海被稱之為「遍照金剛」。遍照是大日如來之名。

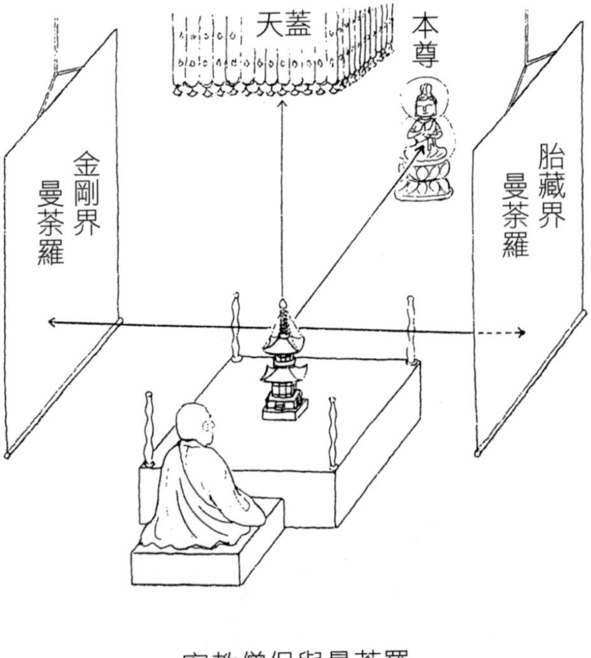

密教僧侶與曼荼羅

四、弘法大師與不動尊

本尊

根據真言密教的教義，吾等之心的真正面目乃是本來自性清淨，但因迷執之故而無法顯現出真面目。藉由修行佛道，可以幫助我們尋求真面目。若能悟道，我們的心將會如同佛陀之心，為本來自性清淨。同樣地，芸芸眾生（所有的生物）之心亦是本來自性清淨。由此可見，我們、佛陀、芸芸眾生都是本來自性清淨的。如果能領悟這層道理，本尊便存在於我們的心中。

然而就事實觀之，由於我們的心為雜念所污染、為煩惱所苦，所以無法發現菩提心。菩提心之本尊是無相而難以捉摸。因此，我們可以在有相（肉眼可見之形相）的本尊——佛陀、菩薩、明王、天部之中，選擇一尊而供奉、修法之。

實際上，有相的本尊也就是存在於我們內心中的無相本尊，但是，我們卻很難理解這個道理，故而供奉有相的本尊。理論上，以曼荼羅中的任一尊像為本尊都可以，但最好是依據指導者的指示或因緣來自然定出本尊。

修法

供養本尊的作法即是修法。修法即如歡迎及招待客人的作法一般。供養本尊時，本尊的身、口、意與行者（修行者）的身、口、意是一體的。亦即，行者融入本尊之中而形成一體。這時，行者的身、口、意三業，即和本尊身、口、意三業融合一契。這就叫做「入我我入」，亦稱之為三密加持（三密相應）。行者以手結印、口唸真言、觀想本尊。這種象徵性的行為乃是真言密教的特色。藉由三密加持，本尊、行者與芸芸眾生得以相互結合。

護摩

密教有各種修法，其中最為人所熟知的便是「護摩」。護摩源自梵語的「HO–MA」之音，其原意「將供物投入火中，獻給眾神」則來自婆羅門教的用語。

婆羅門教為了感謝每天的生活、祈求眾神的加護、避免災厄，而將牛乳、奶油、米、麥等投入火中，將其獻給眾神或祖先之靈。密教採用了這種風俗，但其內容卻完全不同。

內護摩

密教的護摩是由內護摩及外護摩所構成。內護摩又叫做理護摩，即行者藉由智火燒盡心中的一切煩惱、毀滅為苦惱根源的業，並由此萌生菩提心之種子，使菩提之芽萌生。這完全是精神的作用。由於密教是以精神作用為象徵，故而內護摩與外護摩必須並行而為。

外護摩

外護摩亦謂事護摩，其以焚火來供養的作法，由外觀看來與婆羅門教的作法類似。印度人在地上築壇，並為祭祀而設置火爐，而中國及日本人則是以木材築四角護摩壇，而在中央放置火爐。其後則在火爐中堆起護摩木、點火，並將酥油、藥種、五穀等投入火中供養。但是，密教的護摩並不單單只是焚燒供物而已。

首先，行者必須請來火天（阿耆尼神），使行者、火天、火爐三者融合為一體，亦即，行者成為火天（進入火天的三昧）而置於火爐上供養，其次，成為火天的行者請來本尊供養。這時，行者進入本尊的三昧而與本尊融合成一體。亦即，進行供養的行者與接受供養的本尊成為一體。行者並不是供養自己以外的本尊。行者與本尊在火爐上融合。這與入我我入、三密加持的境界相同。經由借火供養，得以燒盡煩惱與業的障礙，以至解脫。由於行者與本尊的關係通用於芸芸眾生，故而三者乃是三位一體。因此隨喜參加修護摩者亦能蒙其功德。

護摩的本尊也有為佛陀、菩薩、天部的，但是大多數的人都會選擇明王為護摩本尊。那是因為不動明王浴身火生三昧間，祂的身上會放出火焰。一提到護摩，大家便會立即聯想到不動明王。

密教的引進

在弘法大師空海於大和國久米寺閱讀『大日經』之前，沒有人知道不動尊之名。『大日經』中描繪出不動尊之形相，並講述到護摩的修法。似乎在空海之前沒有人注意過這些，即使有人注意到了，也無法理解其內容。

如前所述，空海在長安留學時，跟來自印度的不空三藏高徒——惠果阿闍梨學習密教正系。惠果毫無保留地將秘法傳授給空海，而於幾個月之後圓寂。如果再遲幾個月的話，也許他們兩人就碰不到面了。若是他們兩人沒碰面，日本佛教史也將改寫。

八〇六年，空海回到日本開創真言宗，而使日本佛教有了新的發展方向。真言宗並非否定奈良佛教，而是使奈良佛教更為充實、更能發展下去，藉此開創出新局面。

傳教大師最澄因戒壇院的問題，與奈良寺院發生衝突，而弘法大師畢其一生均與奈良寺院保持友好的關係。因此，奈良諸寺院將空海視為自己的朋友。而空海也曾任僧職於東大寺中。東大寺等寺院更積極地採用了密教。

現在，東大寺圖書館中記載於『次第本目錄』內的次弟（說明密教儀式的書籍）共有八七八冊。這些次第似乎均未被整理。其中可以判斷為『不動護摩次第』的有二七部。

日本因空海而認識不動尊與護摩。當時，有誰能預料到不動尊信仰至今會變得如此隆盛呢？天台宗被空海刺激而熱衷於學習密教，最後才演變成真言宗的東密與天台宗的台密競相隆盛的局面。至今在真言、天台的大寺院中還留有許多被視為美術品而深受尊重的不動尊雕像與繪畫。在『弘法大師全集』中出現多處「不動尊」、「護摩」之題名，而在事相（儀式）書籍中亦提到了這個主題。題名為『秘藏記』的書籍乃是空海在留學長安時所做的備忘錄，其中也記載了四種護摩，並且出現了降三世、不動尊等兩位明王之名。由此得以確知，空海是在當地實習護摩。

波切不動

在高野山南院有一尊高三尺二寸的不動尊木雕立像，這尊立像已被指定為國寶。根據寺傳指出，這尊木雕之像是弘法大師在長安時，以惠果阿闍梨給他的木材，自己親手雕刻，而由阿闍梨開眼加持。於回日本的途中，在海上遭遇暴風雨，他所乘坐的船就快要翻覆時，空海向不動尊像祈助，結果不動明王揮劍斬浪而使浪濤平息下來。空海因得不動明王之助而倖免於難，經此而流傳下來「波切不動」之名。

平將門之亂中，此尊像被移至尾張祭祀，待亂事平息之後，便將不動尊的寶劍留在熱田神宮，而把尊像移回高野山。在蒙古進軍日本的弘安之役中，尊像又被奉安到筑前鹿島，待敵軍撤離後，便將不動尊的火焰形留在當地，而把尊像再度遷回高野山。自此以後便養成了每逢高野山遭遇事故時，便會將波切不動移往山王院，而由全寺院內的人向其祈助的習慣。

新勝寺的不動尊

根據成田山新勝寺的寺傳指出，本尊不動明王的木雕坐像乃是弘法大師雕刻的，而不動尊像也是京都高雄山神護寺護摩堂的本尊。平將門之亂時，寬朝僧正奉敕命將尊像移往東國，而在下總國祈禱敵軍敗北。亂事平定後，在印旛郡公津ヶ原建寺院，並將該寺院定名為神護新勝寺。元祿時代，將不動尊移至現在的成田，不過，在明治之前每年仍有支付本尊租金給高雄山神護寺。

東寺

京都的東寺和西寺均是在營建平安京時，新築的國營寺院。八二三年，弘法大師被下賜到東寺，自此以後，東寺便成了真言宗的根本道場。而當地的市民都暱稱弘法大師為「弘法先生」。弘法大師晚年的十餘年間均住在此地。創建當時的建築物現今已無殘存者。但是，其構成與裝置均保持當時的原貌。中心是講堂，講堂的中央則以大日如來為中心而配置四如來，其東方則放置五大菩薩。西方是明王部，其以不動明王為中心，四隅則安置著降三世、軍荼利、大威德、金剛夜叉。

中央的不動明王是一尊丈六的坐像，其結跏趺坐在被稱為瑟瑟座的高台座上，右足與左股重疊、右手持劍、左手拿著羂索、頂上戴著紅蓮花、辮髮垂左肩、肩部披著馱婆垂布、張開兩眼、臉稍稍偏右、右眼看劍、左眼看著拿羂索的手、頭光與身光各自形成輪狀而環繞背後、大火焰形成後光。位於丈六長的不動明王四隅的四大明王，其身高都一樣。由大小觀之，可以看出四大明王侍立於中央的不動明王之四周。

現在的講堂乃是在室町時代建造的，但是尊像的大部分乃是創建當時之物，而且五大明王的構成很明顯地也是依據弘法大師的構想。

此外，東寺的西院原先是弘法大師的自坊（居所），而現在被稱之為「御影堂」。在御影堂內置有大師的持佛（守護本尊）——不動尊的坐像。

滿濃池

弘法大師空海以不動尊為本尊，曾日日夜夜在京都的高雄山、東寺（教王護國寺）及高野山金剛峰寺等寺院燒護摩，此乃無庸置疑之事。弘法大師在八〇九年入京，而於八三五年圓寂於高野山。在這繁忙的二十七年當中，他幾乎沒有閒暇至各地旅行。但是，在公文書中確實記載著，他曾到讚岐的滿濃池出差過。

現在，位於香川縣仲多度郡滿濃町神野的滿濃池滋潤著周圍約二〇公里、最大水深二二公尺、灌溉面積四六〇〇公頃的田地。其曾於一八一八年、一八七〇年、一九三〇年、一九五三年改建過，目前已成為日本境內數一數二的積水池。

這個池子在大寶年間（七〇一～七〇三年）是用來灌溉的。由於其多次潰決，所以很難進行修復工作。於是當地人特別懇請政府派員協助，而京都的中央政府派來了弘法大師空海到該地充任總監督。由於此地也是空海的故鄉，所以當地的人們將空海視為自己的父母一般地景仰，如此一來民眾的凝聚力更大，再加上空海的實際知識與領導有方，雖然工程艱難，但亦能在很短的時間內完成，而造福於千年以後的百姓。

滿濃池中直至最近重修之前尚殘留著「焚護摩岩」。這是弘法大師在現場監督、指揮、運用科學知識的同時，焚護摩祈求佛陀加護的地方。由此即可窺知被喻為學識淵博的空海之信仰了。

弘法大師施予日本文化許多恩惠，諸如：真言密教的教理與修法，其中尤以護摩的修法對後世影響最為深遠。

日本人的信仰形態

弘法大師空海對於日本思想史影響之深遠，實不可量計。其著作的『十住心論』乃是日本人手中唯一的總合性佛教概論，在著作中曾述及其後才出現的新宗派，以及所有的佛教思想。其在文學、語言學上的造詣也造福於後世。不過，在弘法大師所有的貢獻中，尤其引人注目的是，其對日本人信仰形態之影響。

宗教乃是人類生活所必須的，但是人們往往使其陷於偏狹。如果因為自己的信仰熱忱，而引起無端的摩擦、招來不和睦，反倒違反了宗教的主旨，釋迦牟尼順應人人的能力、境遇而說法，藉此慢慢引導眾生。是即，針對不同的對象，說法的方式各有差異。

密教亦同此。民間信仰亦應活用可以活用的事物。曼荼羅的天部亦採用婆羅門教的眾神。而且，在其根柢有密教的世界觀、人生觀之哲學。這即是弘法大師的真言教誨。

曼荼羅不但是精銳、高遠的思想體系之表現，同時也成為大眾的信仰對象。由曼荼羅的諸尊中選出一尊為本尊而修法的是阿闍梨；因參拜不動尊而蒙受利益的是信徒。

容後再詳述之。大日如來（毗盧遮那佛）及不動明王是源自印度古傳統的神祇。弘法大師空海帶來的不動尊信仰，已成為日本的民間信仰。不動尊信仰是有歷史根據的，而且，因為不動尊是有體系的曼荼羅中的一尊，所以無陷於偏狹狂信之虞。

不動尊信仰最初只流行於貴族階級間，其後才漸漸浸透到下階層。中世時代，不動尊信仰為武士階級所喜好；近世則成為農民及鎮民的信仰。就地域性看來，則由京都延伸至關西一帶，甚至擴及東國和九州。無論是在戰時或是和平的時候都有許多人祈求不動明王加護。迄今，無論是男女老少、從事何種職業、教育程度為何、屬於什麼宗派，都會前來參拜不動尊。接下來則藉由溯及歷史來觀察不動尊信仰之實際情況。

五、廣泛的信徒層

不動尊的信徒

不動尊信仰的信徒遍佈於社會的廣大層面。尊像由國寶級的藝術品至路邊的石像都有，實可謂琳瑯滿目。由此可見，不動尊的信徒層很廣泛。

平安初期，桓武天皇著手規畫、實施大規模的國家建設，而密教就順著這條線走，成為了貴族及一般民眾所歡迎的宗教。當時，京都東寺被定名為教王護國寺，皇室和國民成為一體，而共同祈願國泰民安、景氣繁榮。弘法大師在修建滿濃池時，亦曾為祈願成功，而焚燒護摩。

十世紀以後即進入藤原時代，當時有一部分的貴族與皇室結合而孕育出一種特殊的文化，他們供奉密教，祈求安產、疾病康復等，但在面臨天慶之亂（平將門和藤原純友的叛亂），抑或如面臨鎌倉時代蒙古軍襲來般的危機時，宗教即會站在國家的立場，祈願得以克服國難。其後在武家政治時代、農民或市民抬頭的時代，各階層的人們也都會分別祈求密教的加護。

從江戶到東京、從明治大正到昭和、從大戰到戰後，即便時代不斷地迭換，信仰依舊不變。如後所述，平安朝的女流文學、江戶歌舞伎、戰時的武運長久祈願、現在的交通安全祈願等等，都可以看見順應眾人祈願的密教形影。其中心即是不動尊信仰。

真言修驗

弘法大師空海從年輕的時候便開始跋涉山野修行，與民眾接觸。在弘法大師空海以京都為根據地，並受到皇室、貴族的尊崇之後，其熱愛自然之心絲毫沒有改變。因此，他將禪定修行的堂宇建築在不甚便利的高野山上。在其後繼者中，亦有如其一般熱愛自然與民眾的高僧。

聖寶（八三二～九〇九）接受了弘法大師的弟子——真雅、真然所傳授的密教，並學習奈良的諸宗教理，及周遊列國修行。其後於醍醐建草庵為修行道場，這即是醍醐寺的起源。後來以醍醐天皇的諡名而聞名的天皇歸依聖寶，而竭力於營建本寺。在聖寶的祈禱下，誕生了二皇子（朱雀、村上）。

但是，聖寶並不為貴族的一面倒而自滿，反而戀慕以往身為役小角（役行者）時的種種，因此開闢金峰山、在吉野川設置渡船裝備，以利山岳修行者之便。其興起了僧俗一體的修驗道、修孔雀經法、祭祀藏王權現。在其臨終時，陽成、宇多兩上皇還親自前來探病，由此可見，其深受皇室的尊敬，也帶給民眾們極深遠的影響。聖寶所開的修驗道可以說是真言修驗、當山派，其與後來增譽開創的天台修驗、一名本山派得以相互媲美。

所謂修驗道即是指，修驗者在山岳間鍛鍊身心，使民眾的願望得到回應的宗教。這是在日本獨特的山岳信仰的基礎上，加之佛教的教理與實踐而成立的宗教。在奈良朝時代，已形成一股勢力。其不叫修驗宗而定名為修驗道，並未如其他的佛教諸宗得到政府的援助，而是直接得到民眾的支持。其以役小角為開山祖。

役小角為各種傳說所纏困，至文武天皇時代甚至以「妖言惑眾」為由，將其流放到伊豆國。並且，將其逐於飛鳥、奈良官製的、都市佛教的框域之外。

聖武天皇時代，行基開始活躍於民間行教化與造福祉，而成為頗有名望者。但是，政府卻視其及其團體為危險者，所以屢次發布禁令。然而，最後則因建造東大寺大佛殿借助行基之力，而任命其為大僧正。

弘法大師空海原先也是私度（未經官許的僧侶）。雖然他在山野修行而倍受皇室、貴族的優遇，但是他仍然無法忘懷於隱居高野山、在自然中禪定。空海使都市佛教與山岳佛教並立，且得到貴族及民眾們的尊崇。

山伏（註一）原先是「臥於山中」之意，亦即野宿山林的意思，其次則指在山野中修行的佛教僧侶。年輕時代的空海、役小角、行基也都屬之。其後則把修驗道的人們稱之為山伏。山伏們則如同最初在歌舞伎中看到的一般，並沒有一定的服裝、沒有寺院佛教般的拘束，已婚者也可以加入，但同伴之間則有一定的規則。真言修驗、天台修驗則都各自接受先進的指導統率。

【註一】山伏：「日本的密教從入唐八家以前，亦有密教，所謂山伏。山伏乃在家而奉佛者，其祖曰役小角，或稱役行者，又號役優婆塞，能持孔雀經，而山居岩隱者，結蘿為衣，拾菓為食，能役使鬼神。足跡遍全國，多顯神異，以金峰山香火最熾，奉其教者曰山伏。」

修驗道的本尊

修驗道以藏王權現為本尊。其亦稱為金剛藏王。從前，役小角在吉野金峰山上為千日修行，而向天祈禱時，先是出現了一尊柔和的菩薩在其眼前，然而他認為在亂世裡具有優雅形相的菩薩救不了眾生，於是又向天祈求，結果這次出現在他眼前的是一個具有恐怖形相的神祇。祂右手握著三鈷、左手壓在膝上，為一忿怒之相。看來好像是要抓什麼東西的模樣。於是役小角便描繪下來祂的形相，是為藏王權現。後來則在金峰山建造藏王堂祭祀之。隨著修驗者的進出，此信仰漸漸廣及全國，而其中位於東北地方的藏王山目前則以滑雪場而知名。

密教的胎藏界曼荼羅中有金剛藏王菩薩，但是，這尊菩薩與藏王權現顯然是不一樣。其與金剛界曼荼羅的賢劫十六尊金剛菩薩也不像，反倒是和儀軌書籍所載的金剛童子有共通之處。此外，與降三世明王亦有類似點。祂們均具恐怖、忿怒的形相。迄於後世，在修驗道中，信仰不動明王的人數非常多，而這些人又大多是以不動明王為本尊。由於不動尊之名在印度乃被解釋為「山岳之王」，故而不動尊很適合為山岳信仰的修驗道本尊。

修驗道的變遷

天台修驗比真言修驗遲二百年，其為增譽（一〇三二～一一一六年）所振興。增譽於一〇九〇年在白河上皇至熊野山參拜之際，由於服務先進而被任命為熊野三山檢校。其後，他便以京都聖護院為本山，兼任熊野檢校，以本山派之名活躍於全國，而與真言修驗的當山派對抗。

這兩派的修驗道歷經鎌倉時代、戰國時代之後，成了具有勢力者，至於江戶時代則自有不同的儀式、作法與服裝。在歌舞伎『勸進帳』中出現的弁慶們便是其寫照。而『勸進帳』中的「山僧問答」有一段富樫與弁慶的對話是這樣的：

「山伏的模樣呀！」「乃將其身模仿成不動明王的尊容」。

修驗道在明治維新時曾被廢止，其後又復活而成為結合群眾的宗教，迄今則盛行於各地。由宗教形態看來，修驗道深受注目；由不動尊信仰方面看來，修驗道極為重要。實際上，不動尊信仰得以普及全國，有賴修驗道山伏的活躍之處甚多。

貴族的密教

以不動尊信仰為中心的密教透過修驗道而普及於民間，但密教在平安朝時代亦流行於貴族間。

平安朝時代的密教有三大高峰期。第一個高峰是宇多上皇於八九九年在京都仁和寺剃髮入佛門。他是日本第一位法皇。其後，宇多法皇遷居仁和寺，成為真正的密教阿闍梨。接受法皇灌頂的寬空後來繼承了仁和寺，而兼任東寺長者、高野山金剛峰寺座主。法皇的孫子——寬朝（九一六～九九八年）後來亦成法皇的弟子，以及仁和寺的東寺長者，日後則棲居於廣澤的遍照寺，成為廣澤流真言宗的一流派之祖。

在天台宗方面，智證大師圓珍的弟子——尊意（八六六～九四〇年）差不多和宇多法皇是同一個時代的人，後來他成為延曆寺座主。這個人在宮中也是很有勢力的；他的弟子良源不但是個學者，而且也是個經營家，所以可以稱得上是一個非常優秀的人。其後他以元三大師之通稱而成為民間信仰的對象。

第二個高峰即是九三九年（天慶二年）的東西叛亂。在關東，平將門自稱為平新皇而建立新政府；在南海，藤原純友引發動亂，但兩者均在不久之後便被戡平。不過，久安於太平的京都則因恐再有戰事，而進行各種的祈禱。此時，天台的尊意與真言的寬朝則分別以不動尊為本尊而焚燒護摩、祈求怨敵降伏。寬朝還受東征的平貞盛之託，加持其佩劍。另外，根據成田山新勝寺的寺傳指出，當時，寬朝亦曾奉敕命而尊請高雄山神護寺的不動尊像至東國祈禱。

天慶之亂後，太平之世重臨。此時，身為皇室外戚的藤原氏在京都得勢。當時，藤原貴族的最高願望便是，生下一個女兒，而這個女兒能夠成為天皇或天皇繼承人之妻，並且產下兒子，而這個兒子能夠繼承王位。

可是，這個願望能否成真，端賴於人力所不及的偶然性，因此必須得到神佛的加持。而能夠順應此要求者便是密教的豪華儀式。密教在藤原道長時代可謂達到了顛峰。這便是平安期密教的第三高峰。當時，京都的貴族們甚至將自己的命運託附給華麗的儀式，而內心懷抱著空幻的美夢，他們與地方上的民眾一樣都無法忘懷散播信仰種籽的許多僧侶與先進。

宇多法皇

創造平安時代密教第一高峰的宇多法皇（八六七～九三一年）在少年時代登比叡山參列法會時即心存感激，其參拜諸寺時亦常流連忘返。八八六年，光孝天皇生病時，智證大師圓珍曾在紫宸殿焚燒護摩，祈禱聖體能平癒。翌年，天皇駕崩，其子宇多天皇即位。

宇多天皇於八九七年七月讓位給十三歲的皇太子（醍醐），而成為上皇。二年後的十月，他隨真言宗的益信出家，捨棄了上皇的資格而成為法皇。出家時，他立誓「由於人民的罪惡是自己施政所不及之處，故而出家以期救濟他們」。續之，他又在奈良東大寺戒壇接受具足戒、在京都東寺接受了傳法灌頂，而於九〇四年定居仁和寺，並稱此為御室或御所。御室後來便成了地名。

法皇亦登上熊野、高野，隨著真言、天台的代表阿闍梨學習諸流。他並著有事相（密教的儀式）的書籍。九三一年，在仁和寺圓寂，享年六十五歲。依據法皇之遺言，處理善後者按照佛教的理規，將其遺骸火葬。由於此舉違反了築山陵將天皇的遺骸埋葬其間的慣例，故而成為江戶時代國學家非難佛教的理由之一。

宇多法皇的出家帶來了密教的隆盛，同時也強化了密教和皇室的結合，而產生了密教貴族化的結果，因宇多法皇的出家，使密教面臨了重大的轉換期。

轉換期的高僧們

寬空（八八四～九七二年）原先是宇多法皇的侍者，出家後學習法相宗，而於九一八年在大覺寺接受法皇的傳法灌頂，成為付法的正嫡（密教的繼承人），並擔任金剛峰寺座主、仁和寺別當及東寺長者等要職。此外還奉法皇之意開立上品蓮台寺，並以此寺為仁和寺別院。其在宮中修法之次數達八次之多。在寬空付法的八個弟子之中，最有名的是寬朝。

寬朝（九一六～九九八年）乃是宇多法皇的孫子，他的母親是藤原時平之女。十一歲時，他就繼法皇之後出家，後來接受了寬空的傳法灌頂。曾擔任過東寺長者、東大寺事務之職，並且被任命為真言宗第一位大僧正。他在廣澤的遍然寺中培育弟子。汲其流者達數百人之多。世稱其為廣澤流，此流亦曾風靡一時。寬朝亦是圓融上皇出家時的戒師，其後接受了上皇的傳法灌頂。

在寬朝八十三歲的生涯中，有兩件流傳於後世的事件一直都是民間的話題。第一件便是有關天慶之亂時的活動，不過這些活動已在前文中述及，故於此不再贅言。第二件事為，九八一年為了能使圓融天皇的病早日痊癒，而在宮中施御修法。此時，最年長的延曆寺良源扮演中壇的不動明王、寬朝則扮演東壇的降三世。在施法之際，五位阿闍梨中，只有他們兩個人分別變成了不動明王之相。經此之後，天皇的病便痊癒了。

鎌倉時代的無住在『沙石集』中記述著如下的一段話：「這是在村上的御宇內發生的事。在修五壇之法時，由慈慧僧正（良源）扮演中壇的不動尊，在行法當中，其相真的變成了不動明王。寬朝僧正是扮演降三世的阿闍梨，其相或而變為本尊，或而又變成僧正。旁觀者說：『這是因為寬朝僧正心有雜念』。而其他的僧侶則還是原本之形相。」

根據無住的記錄，此五壇的御修法乃是在村上天皇（九四七～九六七年）時代所為之事。雖然此記錄與前述之事件在時間上有所出入，不過，兩者均是在描述當時的信仰形態。就理論上來說，修法行者在觀念上是與本尊為一體的，而這種現象亦能盡收旁觀者的眼底。

寬朝不但是宇多法皇的孫子，而且也是集法脈之大成、精於修法者，故而對密教的發展貢獻很大。此外，他也使密教的貴族化成為事實。

另一方面，天台座主的尊意（八六六～九四〇年）比宇多法皇年長一歲，繼尊意之後的良源又比寬源大四歲。

尊意於九二五年奉醍醐天皇之命修佛頂尊勝法以祈雨，結果很有效果，因此而為醍醐天皇所信賴。接著他又於九二九年修不動法以驅惡疫、九四〇年二月於天慶之亂時在延曆寺內修不動安鎮法以祈怨敵降伏。不久之後，尊意以七十五歲之齡圓寂。

上述的三次修法均是以不動明王為本尊。佛頂尊勝法中有數種異譯，但尊意可能是採用其中的『佛頂尊勝陀羅尼儀軌』。『佛頂尊勝陀羅尼儀軌』中記載著結不動尊之手印、唸真言之事。此印被定名為「劍印」，顧名思義即是左右各曲無名指和小指，而以拇指壓之，並使中指和食指直立，右手做劍，左手做鞘。此印經常被用到。

這些印與真言均是弘法大師空海所傳承下來的，其被用於修法。自尊意的時代開始一般信徒才有所接觸，並為平安朝人士所喜愛。

不動法是以不動尊為本尊、焚燒護摩以祈念的修法，弘法大師是最初的傳承者。不過，據推定此修法已逐年地複雜化。根據記錄在九〇七年曾修不動法驅除惡疫，九五〇年亦曾利用之。其後在藤原貴族的全盛時代曾進行過祭祀五大明王的五壇修法，不過亦有單獨修不動法者。安鎮法乃是依據『聖無動尊安鎮家國等法』而以不動尊為本尊，祈願個人的邸宅、皇室皇族的御所，乃至國泰民安之法。此法亦流傳於後世。

尊意乃是傳承、實踐、集密教儀式之大成者。在這方面，他留下了具有劃時代意義的工作。

繼天台尊意之後，良源（九一二〜九八五）活躍於世。在延曆寺遭受祝融之害後，整座山上的建築物便全部重建，並在橫川建造惠心院，使不斷念佛的儀式固定下來。這時有一位門下，即日後成為日本淨土教之祖的源信（惠心僧都）乃是個從事多角化活動的人物。不過，他真正的本領在於密教。

良源先隨尊意登壇受戒，其後跟著諸師學奈良的教學、接受密教的傳授，而於九四九年接受了傳法灌頂。當時，他曾隱棲於橫川，修練三百日護摩。後來，由東宮護持僧之職補任內供奉十禪師，而在宮中修法。九六八年，其在仁壽殿修不動法。是年，即成為天台座主。

九八一年，為祈願圓融天皇的病能夠早日痊癒，而進行五壇的御修法之時，良源因扮演中壇的不動明王而馳名。這件事直至後世仍然是一個話題，不過，此事已於前文記述過了，故而於此不再贅述。良源於七十四歲圓寂，曾著作過幾部有關密教的書，謚名為慈慧大師。不過，由於他的祭日是正月三日，故而又被俗稱為元三大師。民間均以其俗稱之，還有的人以其肖像為護身符。

後世對於良源的評價很高。在『平家物語』卷三（「賴豪」）中記載著，慈慧大正僧曾受託於藤原師輔而修法，結果引領出一則故事，是即師輔之女安子真的成為了村上天皇的中宮，並且產下皇子（即其後的冷泉天皇）。此外，同書卷六（「慈心房」）中還記載著，平清盛公說，他即是慈慧大僧正的轉世。

猶如真言密教由宇多法皇至寬朝、天台密教由尊意至良源，十世紀可說是宮廷密教最發達的時代。同時，密教的貴族化亦在進行，不久又邁入了為藤原氏效力的階段。

五壇的御修法

在前文中我已提及，密教的主要儀式——護摩作法，即是在曼荼羅的諸尊中選出一尊為本尊，然後行者便供奉本尊以修法。自弘法大師空海輸入密教以來，大多數的人都是選不動明王為本尊，有時則有人選降三世明王以取代之。

但是在平安時代，無論是中國或印度均無施五壇修法之前例。何謂五壇修法呢？是即，將五大明王並列於壇上後，由五位阿闍梨分別對著其本尊修法。五大明王以不動明王為中心，其東南西北分置降三世、軍荼利、大威德、金剛夜叉等各明王。不過，有時也會以烏芻沙摩明王取代金剛夜叉。

雖有五壇御修法在九四〇年天慶之亂時曾為之的說法，但並不確定。依據東寺的記錄，其初例是發生在九五九年。在天台方面，則是九六一年閏三月二十七日，在比叡山大日院，由權律師嘉慶初為之。如果前載的『沙石集』記錄正確的話，良源、寬朝等為五壇之法是在村上天皇時（九四七～九六七年），那麼就跟上述的時間大致相同了。假若此修法是為祈願圓融天皇的病能早日康復而為之的話，是在九八一年。不過，這幾次設壇修法均是邀請東寺、比叡山、三井寺等高僧為之。

在『源氏物語』（「賢木」）的「五壇御修法之始」中有一段因天皇繁忙而無法抽身前來，故而感到十分安心的光源氏與藤壺秘密會晤之述文。此外，在清少納言的『枕草子』（「二九五」）中列舉高尚美麗之物時，提及者為「孔雀經的御讀經、御修法。五大尊的也……尊勝王的御修法。季節的御讀經。熾盛光的御讀經」。由此可見，在宮中所舉行的各種御修法中，亦包含五大尊的御修法在內。

五壇的御修法就好像是天皇的特權一般。藤原師輔在九六〇年五月去世前，還有所謂的「舉行御修法」（『榮花物語』卷一「月之宴」），而沒有五壇之法。藤原氏第一次在自宅施五壇之法，是在一〇〇八年。

藤原氏和密教

藤原道長的長女彰子是一條天皇的中宮。是年（一〇〇八年）七月後，她便為了待產而搬入父親邸宅暫住。在臨盆的日期將近時，乃父為了祈求女兒能安產而請來僧侶們不斷的讀經。五壇的御修法開始時，破曉鐘聲響起，在許多伴僧的誦經聲中，五位阿闍梨便帶領著伴僧們入場修法。另一方面，他們同時還會咒殺產婦的對敵。這歷歷情景在『紫式部日記』中均有描述（參照『榮花物語』卷八「初花」）。這時，五位阿闍梨當中，慶圓乃是天台座主；心譽則是園城寺長吏之高僧。

當時道長為了達成希望自己的女兒能生下未來天皇之最高願望，而曾想盡一切辦法。結果，其女所生之子即是後來的後一條天皇，而翌年產下之子為後朱雀天皇。

道長晚年時興建了法成寺，並特別設立五大堂來安置五大明王。其次女——皇太后妍子病篤時曾參拜五大堂，並在五大堂內行御修法。但是並未奏效，而去世了。道長依照女兒的遺言，造五大尊和百尊不動尊以供養。因為他怕妍子的怨靈作怪。

道長臥病在床、不久人世之時，希望兒子賴通們能夠為他祈禱、御修法，但是為其子斷然拒絕。其子反而至法成寺的阿彌陀堂，讓道長拿著由阿彌陀佛手中牽出的線，一邊夢想著極樂往生，一邊悄然而逝。時值一○二七年。

法成寺

道長建造的法成寺在一○五八年二月全部被燒毀，翌年十月又新築起阿彌陀堂和五大堂。當時，三井寺、比叡山及東寺的錚錚高僧都列席於五大堂供養。

白河法皇時代，曾進行過三次五壇之法，其分別是在一〇九四、一〇九五、一一二九年。不過，根據記錄一二二五年也曾進行過一次。其後則不再進行。

五壇之法原本是宮中的儀式。藤原氏也曾在私邸中進行過五壇之法，最後並在法成寺中興建五大堂，且聚集天台、真言的最高成員行五壇之修法。然而，此豪奢之場面並沒有長久持續下去。與現世的利益依賴五大明王，來世的希望託付給阿彌陀如來的極樂淨土之貴族信仰有別，不動尊信仰、阿彌陀信仰分別以更素樸之形態普及於百姓間。

六、平安文學上的不動尊

清少納言

在我述及平安時代的不動尊信仰時，亦將提到當時才女們的佛教觀。

清少納言等精通和漢的古典文學，亦經常接觸佛教的聖典。在『枕草子』（一二〇）中有一段有關新年時參拜初瀨的記述。當中有這麼一段話：「只是綁著帶子的年輕法師穿著高齒木屐若無其事地上下樓梯，然後冷不防地開始誦讀經文、俱舍論頌。那種場面看來十分有趣。」文中所指的經文不知是什麼，而『俱舍論』三十卷乃是很難理解的書籍，這套書可謂是從事佛教專門研究者必讀的書。以詩句的形式來描述書籍的梗概，即是『俱舍論頌』。清少納言單單是聽到，就知道法師們在誦讀『俱舍論頌』，足見清少納言的佛教觀可以代表當時的知識份子。

『枕草子』（一二〇八）——（一二一〇）中提到——「寺院有壺坂（大和）、笠置（山城）、法輪（山城）、靈山（大和）——釋迦佛的居所、石山（近江）、粉河（紀伊）、志賀（近江）。

經典不用說一定有法華經，此外還有普賢十願、千手經、隨求經、金剛般若、藥師經、仁王經的下卷。

佛有如意輪、千手、六觀音、藥師佛、釋迦佛、彌勒、地藏、文殊、不動尊、普賢。」

由此觀之，觀音（如意輪、千手等）是最受人們喜愛的。壺坂寺、石山寺、粉河寺的本尊均是觀音。『法華經』中亦包含『觀音經』。笠置寺和志賢寺供奉彌勒菩薩。彌勒菩薩會變成佛陀在遙遠的未來出現在這個世界上。雖然也有彌勒的經典，但在日本卻罕有人閱讀。大多數的寺院只供奉尊像。靈山寺以藥師佛為本尊。由於藥師佛有醫療的功德，故而廣為民間所信仰。眾所周知，靈山（＝靈鷲山）是釋迦佛講『法華經』的場所，故而作者在此提述。

經典中以『法華經』最為流行。『普賢十願』是『華嚴經』的一部分，而普賢和文殊是這部經典的代表菩薩。『隨求陀羅尼』是強而有力的咒文，在『今昔物語』、『宇治拾遺物語』中亦曾出現。

在「佛」的項目下列舉地藏、不動尊是因為當時這兩者已受一般民眾的喜愛。時至近世，無論在街角或村緣經常可見石造的地藏王和不動尊。由於根據推定在平安時代即已在豐後地方看到許多的巨大石佛，故而可以推斷平安中期此二尊的信仰已十分大眾化了。清少納言所列舉的「佛」當中，只有不動尊和普賢在『靈異記』（平安初期）的故事中沒有出現。普賢並沒有成為大眾的信仰，而不動尊在邁入平安時代後不久即已深受民間喜愛。『枕草子』、『紫式部日記』、『和泉式部日記』等中，並沒有出現阿彌陀佛的名字。大概是民眾對於來世之佛都敬而遠之吧！

紫式部

前文中已提及「紫式部日記」中記述著五壇之法的事情。該書的作者也特別提到了不動尊。不動尊信仰已深植於她們的日常生活中。

如前所述，中宮彰子即將臨盆時，單藉五壇之法尚不足以令其安心，故而為了避怨靈又在其產室旁祈禱邪魔幽靈勿近。加之，「僧正、僧都一直叫著、祈求著，甚至聲音都叫沙啞了，而希望不動尊復活。這種聲音不禁令人聞之而悲從中來。」高僧們大叫著，猶如不動尊復活，而破解了被施加在產婦身上的咒語。

『源氏物語』（學習）中記載著橫川僧都一行在荒廢的宇治院中看到了女妖，當時，為了驅魔而誦經，可是卻沒辦法治她。同行的阿闍梨便繼續祈禱著：「對付這種妖怪，應做出驅退的手印。」這裡所謂的驅退妖怪之手印是指不動印。

不動印有許多種，除了上述的劍印之外，尚有獨鈷印。此外，大日如來之印謂之智拳印。智拳印即兩手握拳，豎起左手的食指，由下穿入右拳中，然後使其與右手拇指尖接觸。至於後世，其形成了忍者之印。平安時代，在驅魔時會利用這些手印及誦讀真言（陀羅尼）。

但是，平安朝的人士中尚有人將其詼諧化。在『源氏物語』（常夏）中，內大臣說過這麼一段話——

「女性應用心來保護自己，不要認為沒有人看到就隨隨便便而等閒視之，因為這會使妳窘態百出。但是，要女性們約束自己如行者一般誦讀不動尊的陀羅尼、結印，是很難做到的事。」

本文的意思是，要女性們約束自己如行者誦讀陀羅尼、結印一般，是令她們非常討厭的事（把「不動」當成文中的主語解釋是不正確的）。內大臣大概是看慣了行者的作風吧！

『源氏物語』（若菜・下）中記載著，紫上為怪物所困時，驗者為其祈禱著：「在我有限的生命中，請暫時原諒我，並給予我無限的生命。不動尊的本誓。只要在短暫的時間內給最好的生命」、「希望你如不動尊一般，更真心、誠心與用心地加持。」

在此所提及的不動尊本誓即是指，如在『勝軍不動明王儀軌』（大正藏二一・三四中）內，不動明王的「在畫像前，每天三時（一日三回）誦讀本咒，經過六個月後，若量力而供養一華香飲食，則祈求種種願望均可得到滿足。」由於如文所言，若持續修法達六個月的話，本身所祈願的事便可達成，所以希望大家至少應有欲為之心。基於這樣的經典，我們可以了解到，當時不動尊的現世保祐已普及。

『狹衣物語』

幾乎與前述的紫式部同一時代纂成的『狹衣物語』卷三中提及，狹衣在遇到女二宮之前，曾與年幼的若宮有這麼一段問答：「不要被不動尊的恐怖之相嚇到」、「我們還是得找到不動尊」。連小孩子也都知道不動尊的恐怖之相。

八〇六年，弘法大師回到日本並傳入日本的密教，尤其是不動尊信仰，大約在二百年間已被同化在日本國民的生活之中。

『今昔物語』

在平安朝末期所纂寫的『今昔物語』中，曾有多處提到不動尊信仰。卷三十四話是中國聖人的故事。這位聖人在深山幽谷中築庵，其曾想過：「仙女居住在另一個世界，故不得見，但是倒想看看近處的皇后。」那時，即在秘文中看到不動尊的本誓：「有一個侍者背著皇后去追隨行者」。不久，聖人的身旁出現了一個名叫宮迦羅的侍者，他由宮殿中將皇后背來，第二天早上又將皇后背回。當他要再度為之時，被人發現了。其後，聖人則被國王處分。

其典據為『底哩三昧耶念誦法』（大正藏二一・二二上中）。行者按法誦經滿一個月之後，如將香木和白芥子同時投入火中，即會出現「緊迦囉」。「緊迦囉」出現後，會在行者之左右任其差遣。「即令其至天上帶回仙女亦可為之」，何況只是皇后，就更沒什麼了。大藏經中的緊迦囉乃是緊迦囉的誤寫。『今昔物語』中的宮迦囉亦應訂正。其原意乃是指「奴僕」，而不動尊的侍者中亦有一名侍者的名字叫緊迦囉。『不動使者陀羅尼秘密法』（大正藏二一・二四中下）亦有同樣的說法，但其中又將該侍者之名音譯為矜羯羅。

卷十一第十一話中敘及慈覺大師圓仁赴唐時，適逢武宗排佛。武宗將所有的佛教僧侶逮捕之後，令其還俗。那時，當官差追捕圓仁時，圓仁躲進了某一佛堂中。而官差追趕到佛堂時，所看到的並不是圓仁的形相，而是不動尊。圓仁便得以逃過一劫。此事在『宇治拾遺物語』中亦有記載。

卷十一第二話所載乃是智證大師圓珍的故事。在他出家之初，於比叡山的石室內修行，有一天，在其眼前突然出現一位全身散發金光的人對他說：「你應把我的形體畫下來，並且在睡覺時皈依。」當智證大師問他是誰時，他回答：「我是金色的不動明王。由於你護法之故，所以我經常在你身邊。你應儘快窮究三密之法以引導眾生。」其形體不只尊嚴而且恐怖。待智證大師由夢中醒來之後，便令畫工將不動明王的形體描繪下來，其畫像流傳至今。後來，在渡唐途中，其於琉球食人國亦曾祈助於不動尊。

卷十一第二十七話中記載著慈覺大師建造首楞嚴院，且在院中供奉觀音、不動尊、毗沙門等尊像。

卷十三第二十一話乃是比叡山長圓的故事。此人「在比叡山出家後，便學習法華經並日夜讀誦。此外並供奉不動尊而修苦行。」其亦分別至葛木、熊野、大峰、金峰等地修行過。此人信仰法華經與不動尊。為了慎重起見在此補充說明，『法華經』中並未敘及不動尊。

卷十五第七話中記載有關兼算的事情。其人乃在三井寺北邊的梵釋寺內修行。「兼算從小即具道心，當時他就已經會誦唱彌陀的念佛及供奉不動尊」。此人臨終前曾說：「手結阿彌陀定印，向西其印不亂而失」。但他的弟子們則說：「我師未必會往生極樂。」這是阿彌陀信仰與不動信仰對立的一個例子。

卷十六第三十二話乃是一則敘及某男子為鬼吐唾液後，其形相即變為隱形，而使人無法看見他，但後來又如何恢復原形的故事。其中，提及驗者曾「讀誦不動的火界咒，而加持病者」。火界咒乃是不動明王的真言中最長者。不過，此咒相對亦具有極大之效果。

卷二十第二話中描述一條來自中國的天狗不知被什麼妖魔附身而欲為惡，故伏擊於比叡山大嶽的石卒都婆。最初欲通行的余慶對其讀誦火界咒時，天狗卻變成了熊熊火焰，以致余慶無法捕抓牠。後來，深禪（藤原師輔之子）則讀誦不動真言，而令制多迦童子持鐵杖隨侍在旁，但仍無法奏功。最後，慈惠大師僧正（良源）靈機一動，而不讀誦真言，只以天台大師的『止觀』來使天狗疏於注意而顯形。本文顯示出那個時代對於不動尊真言的信仰程度。

卷二十第六話是一則有關被天狗附身的女子之故事。在京都東山的佛眼寺內有一位名叫仁照的阿闍梨。另有一位住在七條附近的工匠之妻經常帶著食物等來拜訪阿闍梨。有一天，當那位工匠之妻來到佛眼寺時，只看到阿闍梨一人在場，於是便強行把他抓到持佛堂。他跪在佛前、數著唸珠祈禱著：「想不到我會被惡魔所監禁。不動尊，請幫助我。」結果，那個女子被拋至十二尺之外，並且被揮動著、如陀螺一般旋轉著。她大叫著：「救救我呀！救救我呀！」當阿闍梨詢問其究竟為何物時，牠說牠是天狗，因想誆騙他，所以自一、二年前即在找機會附身在工匠之妻的身上。因此，阿闍梨請求佛原諒工匠之妻，而她在天狗脫離之後便恢復了。也有人是為了避免可怕的天狗附身而信仰不動尊。

為了避免妖魔侵擾而依賴不動尊的傾向，在民間已相當鞏固。由於平安時代的人們害怕詛咒、生靈、亡靈、妖魔、天狗等的糾擾，故求助於可以信賴的保護者。他們認為具有恐怖之相、值得信賴的不動尊是最適當的保護者。

『宇治拾遺物語』

慈覺大師圓仁的弟子中，有一位名叫相應（八三〇～九一八年）的僧侶。由於他在比叡山東塔建造無動寺、擅於修法，故而經常被召至宮中。某日，此人在比良山之西的葛川三瀑布向不動尊祈願：「背我至都卒（天）的內院，並帶我至彌勒菩薩身旁。」，結果不動尊對他說：「雖然這是一件很困難的事，但是無論如何我都帶你走一趟。請清洗你的臀部。」於是他便在瀑泉下沐浴，尤其格外小心地清洗了他的臀部，之後便坐在不動明王的頭上登昇都卒天。內院的門額上寫著『妙法蓮華』。不動明王就跟他說：「欲進入者必須背誦此經。不會背誦就不能進去。」但是，相應唸了又唸就是背不下來。於是明王便對他說：「你沒有背起來，所以不能進去。待你回去背好了法華經再來吧！」說畢又背著他回到葛川。相應非常傷心地流著淚，因為只有在本尊前能背誦此經，他的心願才能達成。當時的不動尊即是現在供奉在無動寺內一般高大的尊像。無動即是不動尊。

此內容取材於『宇治拾遺物語』第一九六話。此文表現出不動尊奴僕的本誓，而不動尊對相應所言的「清洗臀部」亦令人覺得詼諧有趣。

修不動尊護摩的行者至少在觀念上是與本尊為一體的，故而據說慈慧大師良源在修法時可以看到不動明王之形相。而更早以前的慈覺大師圓仁在唐遭遇排佛之難時，亦因變為不動明王而得救，此事在『今昔物語』中亦有記載。另外，慈覺大師的這段故事在『宇治拾遺物語』（第一七〇話）中也有記錄。此故事集還披載於說話第一七話中。

某修行者（沒有記載他的名字）到攝津之國時，由於入夜仍找不到可以停泊休憩之處，故而登上古寺的佛堂，並讀誦不動尊的陀羅尼。到了深夜他聽到了喧嚷嚷嚷的吵鬧聲，結果赫然發現有一百個人出現在古寺中。待他仔細端倪之後才看清來者是形相詭異的鬼魅。鬼魅們紛紛坐下，但其中有一個鬼沒處可坐，於是便把燈火插在修行者的前面，並說著：「我坐的地方放了一個新的不動尊。今晚只好委曲你在外面待一夜了。」言畢便用一隻手提著修行者至佛堂外的屋簷下。

待天亮之後，該修行者仔細一看，他所在的寺院並不是昨晚的寺院了。當他請教路過的人，他身在何處時，路人告訴他這裡是九州的肥前。

繪圖師良秀和巨勢弘高的故事

『宇治拾遺物語』第一二七話是一則有關繪圖師良秀的故事。某日，鄰家著火而火舌亦波及良秀家。當時良秀不去搶救別人跟他訂購的佛畫，卻飛快衝到大馬路的對面眺望著自己家被燒成煙火漫天的情形。附近的人都十分驚訝地跑過來問他究竟是怎麼一回事。而良秀則一邊眺望著自己的家，一邊點頭笑著說：「好極了！我終於可以畫出這幅高難度的畫了！」聞言，在場的人為之呆然，而繼續問到：「怎麼了？你是不是瘋了。」而良秀嘲諷地回答他們——

「我並沒有瘋。長久以來，我都沒有辦法將不動尊的火焰畫好，而今親眼目睹了燃燒之情景，使我了解到該如何描繪燃燒時的熊熊烈火。這實在是太好了。我是一個繪圖師，如果我能將佛描繪得淋漓盡致，豈只一幢房子，一百、一千幢房子我都買得起。像你們這樣沒有才能的人，只要盡可能地珍惜你們現有的東西就可以了。」

當時良秀所繪製的「浴火不動」至今仍深受珍惜。此故事在『十訓抄』——「繪佛師良秀這個僧侶」中亦有記載，但是對於良秀這個人的說明並不詳細。由這則故事中可以看出當時訂購不動尊像者最多。

芥川龍之介的『地獄變』中，主人公的名字就叫良秀，而書內還有一個地獄變（地獄之圖）的名匠——巨勢弘高。弘高的故事出現在『古今著聞集』卷十一中。而芥川將良秀與弘高這二則故事彙集在一篇小說的作品內。

巨勢在少年時代曾一度出家，其後又還俗。由於他深恐有罪，於是便親自描繪千尊不動尊像來供養，此事載於『古今著聞集』中。此人與藤原道長為同一時代的人，而巨勢出身於有名的繪圖師家系中。

『古今著聞集』

『古今著聞集』第三九九話中，記述著一個名叫伊與入道的人從小便擅於繪畫的故事。他的父親並不樂見自己的兒子喜歡繪畫，但每當來往的客人看到那幅掛在中門走廊上的不動明王立像時，都會讚美那幅畫，並且怎麼也看不出來是由一個小孩子所畫的。關於伊與入道這個人物我不太明白，但由這則故事中可以想見，連小孩子都知道不動明王之相。

此外，有一位名叫定昭的高僧是藤原忠平的孫子。他接受了寬空的灌頂，並擔任金剛峰寺座主、興福寺別當、東寺長者等要職。有一天，當他要溯河上京時，在途中遭遇了狂風巨浪。當時，不動明王顯身加護，並令十位神童扛起這艘船來。此事記載於第四九話中。定昭讀誦『法華經』、念佛，而且也是一位密教的阿闍梨。

行尊是源基平的兒子，自幼即在三井寺出家，而後成為三井寺長吏、天台座主，乃是一位高僧。他曾在大峰、葛城山修過苦行。十二歲時，他開始修不動供養法，並在旅行時攜帶著護摩用具，而前前後後共修了八千多個日子。

行尊在三井寺初修不動護摩時，曾夢見不動尊使者之形相。不動尊以大日如來使者的身份出現來幫助行者。我們將其稱為不動尊使者（或侍者）。「三四尺高的童子著青衣，青衣上附紫色。左手持劍及索，右手做劍印。其由壇上走來，在乳上指示種種事情：『照約定你應勤行護摩二千日。』如能按照約定，僧正的願望才能達成。」（『古今昔聞集』第五二話）一般來說，不動尊像是右手拿劍、左手持羂索。劍印大多是行者所做的手勢。

其後，他一個人在大峰神仙宿修行時，有一天突然下起暴雨，而雨水如河流一般地淹到庵室中，行尊幾乎是找不到一處置身之地。好不容易坐到了一塊岩石上，情況仍非常危急，隨時都有生命危險。「深夜裡，行尊於半夢半醒間看到了容貌美麗、頭髮梳得很整齊的兩位幼童，他們一個站在左邊，一個站在右邊，同時用力捧起了僧正的腳。行僧感到非常驚訝而向幼童求救，才知道原來這是一場夢，於是他感動地流下淚來。後來他又唸著本尊睡著了，在夢中他再度看到了剛才的童子。」在此所說的本尊是指不動明王，而二位幼童分別是矜羯羅童子與制多迦童子。行尊在一一三五年，七十九歲時圓寂。

『撰集抄』

興教大師覺鑁（一〇九四～一一四三年）和前述的行尊乃是同一個時代的人。他在仁和寺出家，並接受了寬助的傳法灌頂。他志在高野山之興隆，後來得鳥羽上皇的幫助，建造大傳法院和密嚴院，並舉行大傳法會。其後與有權威的行者分別學習了天台及真言的各流儀，而成為集密教事相（儀式）之大成者。他在大傳法院中兼任金剛峰寺座主，但後因兩派的鬥爭日益激烈，而退居根來山。這就是新義真言宗（智山派和豐山派）的起源。

一一四〇年十二月八日天未明，金剛峰寺的僧侶們欲闖入密嚴院殺害覺鑁之際，不見覺鑁之形相，只看到兩尊不動尊像。於是僧侶們便在不動尊像的腿上打錐，以確定之。當時的尊像即是現在供奉在根來山上的錐鑽不動。

這個傳說在鎌倉時代非常普及，而且在各類書籍中均有出現。西行在其著作『撰集抄』中記載著：「在覺鑁入定（進入禪定）處，只有看到二尊不動尊像。一體是覺鑁平日供奉的不動尊，另一體則是聖人化身的不動尊像，而二者分不清。有一個僧侶碰了不動尊，發現其中一尊尚有微溫，所以他懷疑那是覺鑁。於是，便用大刀砍不動尊像，結果砍不下去。」（覺鑁出定已受傷）。

根據『太平記』卷十八的記載，高野山的眾徒闖入傳法院時，看見上人已入定而變成不動明王的形相，於是便想把他帶走，但是卻搬不動。他們便向著尊像丟石頭，但石頭碰到尊像後便碎掉了。不久，就在上人的心稍微動搖時，石頭正好擊中額頭，而顯示出血色，後來眾徒便撤走了。

同樣的內容亦披載於『元亨釋書』中。由於覺鑁擅於修法，而且也著有幾部有關不動尊的書籍，所以這個傳說為一般人所深信不疑。

『梁塵秘抄』

覺鑁圓寂後十二年，後白河天皇即位，不久後他便成為上皇、法皇而行院政。在他成為法皇之後便搜集當時流行的歌謠而編著成『梁塵秘抄』。書中有許多關於神佛的歌，其中有關不動尊的歌如下——

「不動明王好恐怖、怒姿持劍、提索、身浴熊熊火焰、一付降魔之相。」

此外還有向觀世音菩薩祈禱的歌——

「以般若經為船、揚起法華經八卷之帆、軸為桅桿、夜叉及不動尊掌舵載走罪人。」

夜叉乃是侍奉佛的鬼神。不動尊原本是佛，但卻依照本誓，接受了奴僕的工作，而自願掌舵。

以上所述，即是在文學作品中所披載的不動尊。在後敘的本文中，我將以人物為主題而繼續行筆。

七、不動尊的信徒們

平清盛

平清盛官居太政大臣時，便開始模仿藤原貴族。其女德子為高倉天皇的中宮，一一七八年，當她即將臨盆時，清盛曾為她祈禱平安生產。此事亦記載於『平家物語』卷三「御產」之中。

從伊勢大神宮至嚴島神社，清盛除在全國十七個地方奉納神馬外，亦對所有的佛祈禱。此外，並延請仁和寺御室、天台座主、三井寺長吏——他們均為法親王——為孔雀經之法、七佛藥師之法、金剛童子之法，以及五大虛空藏、六觀音、一字金輪、五壇之法、六字河臨、八字文殊、普賢延命等修法。其盛況承如以下所載：「護摩之煙瀰漫於御所中、鈴聲響徹雲霄、修法之聲令人聞之毛骨悚然，故表面上看不出有怪物在抵抗。」

此外，清盛還向佛師（佛像雕刻師）訂購了七佛藥師與五大尊等一般大小的佛像。不用說其中自是以五壇之法的本尊——不動明王為五大尊之首。金剛童子、不動明王等同樣都擁有忿怒之相、手持劍、身浴火焰。據說祂們可以保護產婦們安產。平家唯恐怨恨他的死靈作祟，因此舉行鋪張的祈禱儀式，以期其女安產。

此時，後白河法皇也莊嚴認真地高聲讀誦『千手陀羅尼經』，並數著手中的唸珠。當清盛被告知皇子御誕生之事時「因太過高興，而大叫，並且喜極而泣」。皇子三歲即位為安德天皇，但八歲時卻溺斃於壇之浦。這樣的命運，又是誰能預料到的呢?・爭鬥結束之後，時值一一八六年春天，後白河法皇御幸大原，而和已出家的中宮建禮門院德子相遇。當時德子已是僧尼之相。宿命實為人力所無法改變的，因為如今的結局似乎是任何人都始料未及的。

文覺上人

平清盛為祈求女兒能安產，而延請高僧修五壇之法等時，文覺上人因信仰不動明王，而致力於苦修，後來則在追討平家時，擔任一個職務。起初，文覺在宮中擔任武士之職，後來則因誤殺人妻袈裟御前而出家，並展開堅苦的修法。此事記載於『平家物語』卷五「文覺的修行」。

他行赴熊野，一頭栽進那智瀑布的瀑潭之下，而讀誦著不動明王的慈救咒。十二月十日，天候嚴寒，四處皆已結為冰雪。四、五天後，瀑水漫過浮涸處。此時，出現了一個貌美童子拉起文覺的左右雙手，而救了他。在瀑潭下，文覺一直昏迷著，在他昏迷第三天時，又出現了兩位童子，童子們輕撫文覺全身後，文覺甦醒了。當文覺問及兩位童子是誰時，童子回答：「我們是大聖不動明王的御使。奉明王敕令『文覺發宏願、企圖為勇猛之行為。你們要幫助他。』」歷經那件事情之後，文覺更為努力，在那智隱居修法千日後，三度至大峰、二度至葛城，又分別至高野、粉河、金峰山、白山（加賀）、立山（越中）、信濃的戶隱、出羽的羽黑諸國之山修行，待其回到京都時已是赫赫有名的修驗者。

當他看到凋零的北郊高雄山神護寺時，心生再建之念。因為這裡是傳教大師及弘法大師最初行傳法灌頂之寺院。文覺作勸進帳、遊說而行至後白河法皇的御所。當時，法皇正好在與公卿們聆享管絃之音，所以其臣下並未向其轉答文覺來訪之事。結果文覺大怒而擅自闖入胡鬧。其後，法皇將其定罪，流放至東國，當他至東國時，便煽動舊知——源賴朝起而叛亂。

當賴朝消滅了平家之後，文覺曾受賴朝之援助。不過，在賴朝死後，文覺又因惹事而被流放。其最後的結局為何則無一定說。

修驗者

文覺曾為修行而登上諸國靈山，而當時如其一般隱居深山、在瀑布下打坐修行的僧侶、修驗者為數甚多。由於他們的足跡行遍全國，而且都相當活躍，所以，不動明王、金剛童子、藏王權現的信仰能夠普及於民間。文覺屬於真言宗，但修驗者未必屬於特定的宗派，而且，無論是出家或在家均可參加。其教義、儀式及服裝也無一定之規定。

『義經記』（卷七「判官、北國落之事」）中記載著，源義經和弁慶一行由京都逃至奧州時，曾喬裝為「山伏」，此事已成為後世謠曲、歌舞伎、講談等之主題，故廣為人知。由『義經記』成立的年代看來，這可以說是一本記述鎌倉時代中期之修驗實際情況的書籍。

根據其內容所載，熊野山伏與羽黑山伏乃是當時具有代表性的兩個團體，此外則還有以北陸靈山為根據地的山伏。他們以大前輩與小前輩為指導者，自報其坊號為武藏坊、常陸坊，並攜帶著法螺具。此外，還帶著鈴、獨鈷、花盤（散花用）、火舍（附有小蓋子的火爐）、閼伽坏（閼伽水的容器）等攜帶品，及視為本尊的金剛童子。此像亦如不動明王般，是為忿怒之像。上述者均為護摩時所必備的法具。在經典方面，如果會讀在天台宗的寺院中唸慣的『法華懺法』（『法華三昧懺儀』）和『阿彌陀經』就夠了。

義經幼年時代是在鞍馬山度過的，弁慶是比叡山西塔的僧侶；常陸坊海尊是三井園城寺的僧侶。而另外的十餘人則對山伏幾乎是一無所知。由於當時有許多假山伏，所以真正的山伏一定會去周遊諸國。他們所信奉的本尊、所讀誦的經典、所穿的服裝，以及教義均未統一，但其背景均包含東密、台密的組織性教理和儀軌，並且都有順應社會各階層信仰要求之準備。

明慧上人高弁

脾氣火爆的文覺上人有一個與其個性大不相同、性情敦厚的弟子——明慧上人高弁。他修密教、學華嚴、人格高潔，可以說是當時極為少見的一位術德兼修的高僧。他接受了後鳥羽上皇、建禮門院的皈依、自執權北條泰時即受尊敬，但是他卻避名利而好簡素的生活。此外，他精通於佛教的教理，一心企望著至天竺參拜佛跡，也非常用心於民眾的教化。他使「光明真言」普及，亦使「土砂加持」的風習廣泛流行。

此外，剛開始他聽說「法然」念佛之事時，認為對民眾而言，這是值得慶賀的事，但是，當他讀過法然的著書之後，得知法然論定其他的佛教說均為邪道，而以高弁個人所罕有的激烈筆調另著『摧邪輪』來責難法然之說。

高弁屬於華嚴宗，然其言行卻為許多人所傳述。在『古今著聞集』卷二第六四話中即詳述其圓寂前的情景：弟子們圍繞在高弁的四周，而高弁以坐禪之姿讀誦「光明真言」等陀羅尼、唱讀「南無彌勒菩薩」時，誦及「不動尊現身在左邊，而一個人讀誦慈救咒。」且在做完現供養（合掌等動作）的行法後，又唱讀「我昔所造諸惡業」等等之「懺悔文」，以心觀法。然後右脇下臥，唱讀「南無彌勒菩薩」，而安然去逝。

由上所述即可得知，平安朝末至鎌倉時代的數十年變動期間，信仰密教，尤其是信仰不動尊者，有各種形形色色的人物。比較後白河沙皇與平清盛、文覺與高弁，即可了解到不動尊信仰並沒有限定特別的人物。像文覺那樣性格暴烈的人、高弁那樣溫文儒雅的人也都信仰不動尊，足見其信仰層非常廣泛。自鎌倉時代以迄室町時代，不動尊信仰可謂已深入了社會的各個層面。

元寇與密教僧侶

一二六八年，當日本國民感受到蒙古來襲的危機後，全民可謂陷入了前所未見的緊張氣氛中。尤其是在蒙古軍來襲的一二七四年（文永之役）和一二八一年（弘安之役），全民為了祈求敵國降伏，而在神祉、神宮、寺院中舉行許許多多的儀式：在比叡山曾進行過多次的七佛藥師法，在三井寺、東寺及石山寺中也做過各種的修法。在三井寺中做過五壇之法。曾把高野山的波切不動尊像奉遷至筑前鹿島，以祈願外敵撤退，其火焰形則於事變之後留滯在原地，以永遠守護著此地。除此之外，也施過不動法、仁王經法、孔雀經法。東寺的道寶、奝助、定濟等三人也例外地各奉龜山天皇（其後成為上皇）之命，參籠伊勢大神宮以祈願敵國降伏。鎌倉的鶴岡八幡宮也曾修五壇之法、焚燒護摩。

真言宗的良胤接受密教之傳授後，便復興觀勝寺並居住在該寺內。其深受龜山天皇之信賴，在弘安四年並奉敕令而在八幡宮祈禱蒙古敗北；此外，他還自己雕刻了五大尊像，並將其供奉在觀勝寺中以修法。同年，在鎌倉，忍性受北條時宗之懇請在稻林崎修仁王會。其以極樂寺忍性之名而聲名大噪。日蓮罵忍性，而向幕府毛遂自薦，由其來祈禱敵國降伏，但並未為幕府採納。之後，忍性奉敕命在京都的八幡宮祈願。

元寇來襲之際，密教僧侶閉居在伊勢皇大神宮裡齋戒祈禱、在京都和鎌倉的八幡宮為密教修法之事，實應大書特書。

龜山上皇後來隨良胤出家，並接受灌頂，而良胤因厭名惡利而極力避免接受皇室的恩惠。此外，忍性是睿尊的弟子，其屬律宗，也是接受密教傳授的阿闍梨。

兼好法師和護摩

弘安之役後，太平之世再度到來。不久，則由京都和鎌倉的對立，邁入南北朝時代。這時，護摩已成國民按照慣例所舉辦的儀式。

在兼好法師的『徒然草』第一六〇段中記述著，世間慣用的詞句中，可以區別為好的說法和壞的說法兩種。其中，「焚燒護摩」這種說法不太好，應說成「修」或「護摩」。由此可見，當時（後醍醐天皇之世）「焚燒護摩」的說法已相當普及。現在，我們也已經很習慣那麼說了，但是，在經典中卻沒有那樣的說法。正確的說法應是「修護摩」。總之，我們可以推斷出，在平安朝時代為貴族所獨占的護摩，至南北朝時代已普及化。

北條高時之夢

『太平記』四十卷乃是南北朝時代五十餘年的記錄，其由後醍醐天皇欲對北條高時發兵之事開始說起。一三二七年春季，以祈禱中宮懷孕、妊娠之事為名目，舉行各種的修法，其中還延請了天台的圓觀和真言的文觀二人在宮中設壇祈禱，但歷經三年中宮依然沒有生產。在這些修法中包含五壇之法、金剛童子之法等。根據『太平記』卷一的記載：「護摩之煙洋溢內苑，振鈴之音響徹掖殿，無論任何惡魔怨靈也都無法突破這層障礙」。然而後來則判斷出，當時實際上並不是祈願中宮的懷妊，而是咒殺關東。

當時，在公卿當中有一位極有能力的藤原俊基，以其在公席上唸錯文書而感到羞恥因而閉居，實則喬裝為山伏，調查大和、河內等的戰略上地勢，並觀察東國、西國之情勢。

當此陰謀被揭發後，主謀者日野資朝及藤原俊基即為鎌倉所逮捕。資朝原先被放逐至佐渡，但後來還是難逃被斬之命運；俊基原先被釋放，但是後來又被捕而論斬。資朝和俊基被論罪乃是根據參與祈禱的僧侶們之告白。

幕府的官役捕獲圓觀、文觀及忠圓等三人至鎌倉。讓其描繪祈禱時的本尊之形、爐壇等給僧正看，而確認出那是咒殺之法。其後則審問三位僧侶。文觀和忠圓二人在拷問之下招供了天皇的陰謀，於是便真象大白了。然而圓觀並沒有被審問。那是因為北條高時在審問前一天晚上夢到有二、三千隻日吉山王權現的猿守護著圓觀，以及圓觀坐禪觀法之相，映照在後面的拉窗上，顯現出來不動明王之形相。是此之故，只有圓觀得以免受拷問。

文觀是一個問題很多的僧侶。在其後的建武中興時，其依仗著天皇的信賴，而在京都擁有武裝的徒黨，作為相當地囂張。但是到頭來卻落得隻身飄零。此事記載在『太平記』卷十二中。

此外，他鼓吹立川流之事，亦留給後世一些問題。立川流是密教的一派，此派乃是舉行不正當儀式之宗派。這是以前就有的流派，其後由文觀加以振興，而對真言、天台、淨土諸宗也造成了影響。後來遭到了彈壓，所以至今有關立川流的文獻幾乎已蕩然無存。

阿新丸和山伏

日野資朝的兒子——十三歲的阿新丸為了尋找父親而來到佐渡島，但是，他所迎回的不是父親而是一罈遺骨。阿新丸為了要發洩心頭之恨而殺了一名官差，在他逃避追兵途中，被一位老山伏解救，而被老山伏背至港口。當他們抵達港口時，大船已出港，儘管山伏怎麼大聲呼喊著要坐船，船還是繼續前進。山伏很生氣，於是便將柿色的衣角打結披至肩上，數著唸珠向天祈禱：「……如果不動明王的誓言是真實的，就請讓權現、金剛童子、天、龍、夜叉、八大龍王使船搖櫓回航吧！」果真，在不動明王的加持下，從海上颳起一陣暴風，暴風幾乎要把船吹翻了。這時船夫們便急忙地搖櫓回航。後來，老山伏和阿新丸上了船，並於黃昏抵達越後港。在『太平記』卷中有以下的一段話：

「阿新丸被山伏解救，在十分危急的情況下，獲明王加持而逃過一劫。」

護良親王

護良親王是『太平記』中的主要人物之一。其為後醍醐天皇的皇子，素以才高八斗而享有盛名。後來則出家，並成為天台座主。他成為天台座主後，便勤學武藝，後來又還俗，為天皇而積極參與活動，並在建武中興時擔任要職。他曾前後多次潛伏至奈良、吉野、高野，且大多數是喬裝為山伏。大概喬裝為山伏對他而言是駕輕就熟的事吧！

在笠置的落城後，護良親王一行中前往熊野參拜神佛時迷路了。當他們在十途川求宿時，那一家的男主人拜託他們為他那被怪物纏身的妻子祈禱。於是，護良親王便在病人的枕邊加持，大聲唸唱二、三次千手陀羅尼、數著唸珠，結果病人開口說了許多事情。「身體為明王之縛所綁，足手為其約束，五體流汗，假若怪物立刻離去，病人便會很快痊癒。」後因此緣，護良親王等人便滯留在他們家。當那家子的人判斷他們是反鎌倉者後，更是優遇親王們。而當地的居民便成了親王的伙伴。在『平家物語』中也有「明王之縛」的用例，而後世則稱之為「不動的金縛」。

後來，護良親王被鎌倉捕獲，在一三三五年被殺害。吉野朝廷和這個地方的住民聯手，曾以修驗為媒介乃是事實。

建武中興也僅有三年的時間而已。在一三三六年，後醍醐天皇再度被迫離開京都。京都淪陷時，太平記卷十四中記載著：「無論如何都不能漏掉……，漏掉二間（伺候天皇的祈禱僧之房間）的御本尊及毗須羯磨（印度工藝之神）作的五大尊就完了。」可能是建武的臨時宮殿也不能缺少五大尊吧！

北畠親房和真言密教

吉野朝廷得到大和、高野、熊野等的寺院、修驗的援助。他亦如護良親王一般曾喬裝為修驗者而潛伏。但是，他們未必只想利用佛教，而大多是由衷懷抱著信仰。其中最顯著者為北畠親房。

親房曾任職於後醍醐、後村上兩位天皇之下，在政治及軍事方面均有斐然功績。此外，他也是個飽讀詩書的學者，著有廣為人知的『神皇正統記』等書。但是，卻很少有人知道，他亦精於真言密教。在『神皇正統記』的嵯峨天皇之條，其曾記述著有關密教之事。另外，還著有『真言內證義』。這是一三四五年，他五十三歲時的作品。

在這本著作中他說到，真言的教義乃是所有教義中的最高者，其並從理論與實踐兩方面解說密教，還引用了經典和弘法大師的著作。很明顯地，親房可謂是研究密教方面的專家。其署名為中院入道准后覺空，准后是上級公卿的職位，覺空是親房的法號。由此例看來，皇室、公卿與密教的內在結合，實不言而明。

足利尊氏的去世

足利尊氏奠定了室町幕府的基礎，其於一三五八年在京都去世。在他病危時，曾為祈願大病痊癒而舉行過陰陽道與佛教的各種儀式。根據『太平記』卷三十三所載，他舉行的儀式包含：「鬼見、太山府君、星供、冥道供、藥師十二神將法、愛染明王、一字文殊、不動慈救、延命法」。

其中，除第一個「鬼見」是鬼魅，屬陰陽道外，其他均是密教。太山府君歸屬胎藏界曼荼羅的外金剛部，其與中國的泰山之神合而為一，在比叡山已成為日本的信仰對象。慈救咒是不動尊的真言。此外，根據『愚管記』中記載，當時還有修五壇之法。由上述的記敘可以看出，足利尊氏為祈願大病痊癒所修之法，與平安朝的藤原貴族幾乎沒有什麼不同之處。所不同的是，尊氏不願死後如藤原貴族所願，欲往生阿彌陀佛淨土，而是遵從新時代的禪宗法式來舉行葬禮。

如欲追溯歷史的源流，可以溯及禪宗是一一九一年榮西第二次從宋留學回到日本、開創臨濟宗時開始的。亦即，賴朝當上征夷大將軍的前一年。一二二七年，道元回國開創曹洞宗。其後，在宋、元交替期，由中國大陸上陸續渡海來到日本的僧侶，包含時宗在內，各代的執權都很尊重禪，所以在鎌倉、京都興建了許多禪寺。因此，足利尊氏的葬儀依從禪宗的法式舉行，實乃當然之事。其遺骸被安葬在京都的等持院中。這是尊氏為夢窗國師所興建的臨濟寺。

鎌倉＝室町時代的佛教

說到鎌倉時代的佛教，除了會想到禪之外，還有念佛和「南無妙法蓮華經」。但是，這些新興諸派最後都歸於密教的三密之行。從榮西到學曹洞禪的道元，乃是徹底而為只管打坐的身密者；說專修念佛的法然和反覆誦唸「南無妙法蓮華經」的日蓮則強調口密；以信心為本的親鸞將重點放在意密。在當時的動亂期，所有的宗派都計畫著要將宗教單純化，而只採擷其中之一者。

但是，實際上，承如所見，新興宗派大寺院的多數本堂之莊嚴，自不得無視於密教的儀式。淨土宗、日蓮宗之教義、法要也都採用密教之要素。更且，一般民眾還超越宗派，祭祀密教的曼荼羅諸尊，其中最具代表性的便是不動尊。此一基本民情在鎌倉＝室町時代絲毫沒有一點改變。

八、室町時代的不動尊

室町時代至戰國時代

室町時代，日本人的生活樣式大多都已穩定下來了。至少到明治、大正時代的衣食住乃至於生活樂趣，大多都是從這個時代延續下來的。而日常生活的許多風俗習慣、年度節慶等也都相同。

佛教的宗派到室町時代也大致底定。此外，就連信仰形態在此之後也沒有什麼大的變化。演劇方面則由平安朝時代的猿樂，經歷鎌倉時代至室町時代轉變為能狂言，並以此為基礎發展出江戶時代的歌舞伎，而使其成為一般市民的娛樂。

戰國時代，淨土真宗、日蓮宗等新興宗派紛紛與封建勢力為伍，至安土桃山時代其各自都擁有了極大的實力。到了江戶時代，在幕府的宗教政策下，本山和末寺、寺院和壇信徒的關係都被凍結，而適用在宗派的框域內處理，藉此無法規律國民的宗教生活。在數世紀間，至神社、佛閣參拜、組上香團、廟會的熱鬧情景等均形成了與宗派無關者。信仰的對象——本尊也脫離了宗派的約制，而由民眾自己來選擇。

法要（法會）

將信仰的對象與農曆的日期配合起來而定出法會日的做法乃是由中國傳入日本。日本在平安朝後期——十二世紀末——即定出了各寺院的法會日。在法會日的當天或前一天晚上就會有許多參拜者湧至而顯得十分熱鬧。在『今昔物語』等故事集中亦可看到敘述法會之熱鬧情景，以及有關寺院之由來的文章。

法會帶動了門前市的發達，而使寺院附近興起了不少賣飲食、特產的店。八號是稻荷、十號是金毗羅、十二號是藥師、十五號是阿彌陀和妙見、十八號或十九號是觀音、二十四號是地藏、二十八號是不動尊的法會日。此外還有以十二支來定法會日，諸如：子日是大黑、巳日是弁天的法會日。再者，十三日是祖師（日蓮）、二十一日是大師（弘法）、二十五是天神（菅原道真）的法會日，這是以偉人的圓寂日來定立法會日的。

巡禮

從室町時代開始，就流行著由遠方至京都、大和的神社、佛閣參拜之事。此外，巡禮西國三十三個觀音靈場、四國八十八個弘法大師靈場的風習也很普遍，其後則又在其他地方分別設置了三十三個所、八十八個所。到熊野、伊勢神宮參拜的人也很多。此外還形成了參拜一個地方許多神社、佛閣的習慣，我們稱此為千社參或千個寺參。為了做個紀念，參拜者會把記錄自己姓名、職業、地址的紙片貼在該處。其後則演變為用木板來印刷。無論是在神社或佛閣，我們都稱此牌為千社牌。而稱巡禮者所唱的讚頌神佛的歌為巡禮歌或御詠歌。

講

我們稱為了參拜神社、佛閣而組成的團體為「講」（講社）。古時候，講乃是指講義經典的聚會（如最勝講、法華八講等），後來則被引用為禮讚佛、菩薩、祖師的法事之名，現在則是指信徒團體。而團員被稱之為講中。講內有前輩為指導者。神社、神宮中有御師、寺院中則有坊守來照顧。也有至熊野等的靈山參拜之團體。

講起源於近畿地方，其後才漸漸擴及東、西部，到了江戶時代則發展出各種參拜關東周邊靈山、靈地的講來。山伏修驗對此有很大的影響力。如前所述，修驗道可以溯及奈良朝時代，至平安朝時代藉由密教而使其外觀、內容均更為充實，到了鎌倉～室町時代則成為民間的宗教。

在「能」中可以看到的不動尊

能是由平安時代的猿樂演變而來的，歷經鎌倉時代至室町時代才完成。最初，它只是貴族及諸侯的娛樂，到了江戶時代形成歌舞伎後才為一般庶民所喜愛。在能及狂言中，經常有山伏登場，可見山伏修驗已形成了一個社會層。隨著修驗，不動尊信仰亦出現於能、狂言，此乃當然之事。

「調伏曾我」

曾我兄弟復仇計經常是歌舞伎的主題，在能劇中亦被提及。在原版的『曾我物語』中有記載著不動尊信仰，但是在謠曲的「調伏曾我」中，不動明王是以主角的身份登場，綑綁住敵人的替身（一個充當替身的娃娃），並將其首級砍下，然後保證將來報仇一定會成功。

開場時，先是裝飾護摩壇，然後將替身放在壇上。

配角　「話說佛陀的誓願原本即是為了滿足眾生的願望。此亦經日月之長思，形成箱根之海恨。若能滅敵，此降伏惡魔之御誓便得以戡惡助善。仰賴御威光，在此的十餘名行人（密教的行者）應設護摩之壇上。」

旁白　「設壇上，飛鳥紛紛飛至，現刀之驗德，長久以來之寄託。大聖不動明王之火炎焚燒愚老（箱根寺的住持）的身體。五智如來（大日如來等）投五體。大威德（明王）之賜乘，附命水牛之角，傾首數唸珠，藥師的真言，千手（觀音）之陀羅尼，揚起妙音聲。」

旁白　「東方」

主角　「話說這包括置於中央降伏惡魔、守護眾生的大聖不動明王、矜迦羅、制多迦。」

旁白　「假如在壇上顯靈……」

主角　「護摩之煙、不動的火炎、光明旺盛。」

旁白　「五大尊在四面佛前顯靈，神色一變，降伏替身，既是感謝又感恐怖」。

主角　「山河草木為之震動，箱根海山的神法自行顯現實相之色。染上自性的月光，護摩之煙無邊無界，鈴聲徹耳清澄。」

主角　「東方、降三世明王」

旁白　「降三世明王，青蓮之眦，降伏惡魔，飛至壇上；南方的軍荼利夜叉吹火炎之焰；大威德震動水牛的角；北方金剛夜叉降寒風鐵雨；中央的大聖不動以繩索綑住祐經（敵人名）的替身。將惡魔降伏至護摩壇上，揮動利刃，戟穿、戟穿，讓旁人眼見此一嚴肅之情景。以利刃之尖鋒斬替身之首級。令旁人毛骨悚然、瞠目驚視。是此箱王呀！箱王呀！終於完成了本望。」

「道成寺」

在道成寺的鐘之供養日，有一個女怨靈變成了追逐山伏的鬼女，而在僧侶的祈禱下現出蛇身，終而消失。目前此一題材經常在歌舞伎中上演。歌舞伎的最後高潮是，向不動明王等五大明王祈禱，而讀誦『不動經』文、不動尊的火界咒（大咒）、慈救咒（中咒）。矜迦羅童子、制多迦童子、俱利迦羅龍王、蓮葉童子之名亦出現在歌舞伎中。以下即節錄文中所載的一部分——

配角　「大水沖回的日高河原極大數量之砂數還是有限的，而行者的法力有限嗎？」

配角的同伴　「大家一起大聲地唸」

配角　「東方的降三世明王」

配角的同伴　「南方的軍荼利夜叉明王」

配角　「西方的大威德明王」

配角的同伴　「北方的金剛夜叉明王」

配角　「中央的大日大聖不動」

配角、配角的同伴　「動或不動、繩索的、namah samanta-vajrāṇām、caṇḍa-mahārosana、sphaṭaya, hūṃ trat hāṃ māṃ、聽我說者得大智慧、知我心者即身成佛、祈禱現在的蛇身及有何怨恨、都能化解……」

配角　「撞鐘」

旁白　「哎呀！動了。祈禱吧！哎呀！動了。祈禱吧！拉鐘。千手的陀羅尼、不動的慈救之偈、明王火焰的黑煙升起、祈禱呀！祈禱。撞鐘是那兒的鐘。響起了。不拉的鐘是那兒的鐘。躍然可見。不久，鐘樓上的鐘聲響起。呀！看到了。蛇體顯現出來了。」

右列內文所引用的「大日大聖不動」意指不動尊與大日如來同體。這是在經典中經常使用的稱號。

「舟弁慶」

謠曲「舟弁慶」也是歌舞伎迷們所熟知的。源義經和其兄賴朝不睦，而自攝津的大物之浦帶了弁慶等十餘人乘船離京。在海上，平知盛的亡靈現靈而欲加害義經。其最後的情況如下所載：

旁白 「當時，義經一點也不驚慌，他拔起太刀宛如要戟向活人一般，並且與之交談。開戰時，弁慶立刻取出武器而戰，且揉搓著數珠，向東方降三世、南方軍荼利夜叉、西方大威德、北方夜叉明王、中央大聖不動明王的繩索祈求。結果，惡靈逐退，而弁慶、船頭便合力搖退舟船近汀。怨靈追至，弁慶便祈禱其離去。怨靈隨潮水流去，最後只剩白浪之跡。」

「安宅」

源義經離開京都逃往東國時，喬裝成山伏之事、弁慶和富樫在安宅之關對應之事均出現在『義經記』中。此外，謠曲「安宅」還以此為素材，而歌舞伎十八番中的「勸進帳」亦取材於此，甚為知名。接下來，我就節錄下謠曲的一節。

主角　「那個山伏以役優婆塞為模範，其形身仿照不動明王之尊容，頭戴五智（大日如來等五如來的佛智）之寶冠，身穿十二因緣的襞、曼荼羅（金剛界曼荼羅）的柿篠掛（柿色的山伏服）、胎藏黑色的脛巾。第八個蕖沓踏著八葉蓮花，出入息均唸著阿・吽二字。毫不遲疑地將即身即佛（其本身即是佛）山伏留在此地。很難推見明王的照覽，不受熊野權現的處罰，毫不猶疑地就留在此地。」

在此述及了山伏得到不動明王、熊野權現加護之事。

「黑塚」

謠曲「黑塚」以山伏降伏「安達が原」女鬼之事為主題。以下即記述其最後部分。

配角 「東方的降三世明王、南方的軍荼利夜叉明王、西方的大威德明王、北方的金剛夜叉明王、中央的大日大聖不動明王、唵呼囉呼囉、戰馱利摩橙袛、唵阿味囉餅欠娑嚩賀，吽怛囉，憾餅。」

旁白 「見我身者發菩提心、見我身者發菩提心、聞我名者斷惡修善、聽我說者得大智慧、知我心者即身成佛。即身成佛和明王之繫縛對其一再責備，並一直祈禱其受懲罰。」

主角 「立刻！」

旁白 「忿怒的女鬼立刻變得十分羸弱，在天地間蜷縮著身體、睜大著眼睛，腳步搖晃。連隱居於安達が原之黑塚內的女鬼也現出原形，發出淒涼之音，她的聲音與可怕的夜嵐混合，而消失在夜嵐之中。」

除了謠曲之外，在狂言中也有山伏登場。而兩者中亦均曾出現五大尊、不動明王、護摩等之語。

能狂言～歌舞伎

右列的謠曲中，大多數的主題和江戶時代所作的「不動利生記」均屬同一種類。前記『平家物語』的阿新丸故事也是一樣的。能狂言是上流社會的專屬品，但是由於其內容形形色色，所以後來廣泛流傳於一般庶民之間。有關山伏修驗之事，實際接觸過的庶民們老早就已知道了吧！不動尊信仰自平安朝末期，透過山伏或熱衷於地方布教的僧侶們，而自東國流傳至西國，並成為一般庶民之信仰。不動尊信仰遍及國民的各個社會層面——天皇、貴族、將軍、軍人、官吏、商人、農民、漁民等等，由此可見並沒有身分、職業、教養等方面之區別。具有崇高之教養者、沒有學識的人也都一樣相信不動明王的本誓。不拘大本山、大寺院、大宗派等之背景，以口相傳，漸漸地披靡於全國各地。

室町時代大致整頓形態的不動尊信仰，自江戶時代流傳至明治時代。

九、近世的不動尊

普及關東

關東在奈良時代也已流行佛教；平安朝時代，密教藉由僧侶、修驗者的進出，亦傳入此地。而不動尊的信仰也隨之普及。到了鎌倉時代，關東的武士、農民及漁民們對不動尊的信仰亦如同在京都者般的感到十分切身。在蒐集當時文獻的橫濱金澤文庫中，大約有五十六部左右記載著與不動尊有關的書籍。

這些資料向來沒有被提出來報告，但若將這些資料與存在於關東各地的靈場調查結果配合起來，則可顯明地看出日本宗教史中被遺忘的一面。如果提到鎌倉時代的佛教，大多數的人會想到禪、念佛、題目（「南無妙法蓮華經」）等新興諸派，但民眾的實際信仰是密教，而其中心則是不動尊信仰。

在京都，不動尊的信徒包含皇室、皇族以及貴族。而一般市民亦參與其中。在地方上，由於僧侶、修驗者的積極布教活動，而使一般大眾均成為信徒，加之，地方上的豪族亦有皈依者。關東各地的不動尊靈場就在民眾的信仰之下漸漸發展起來。而關於這點則與關西的貴族大寺院的出發點不同。由於不動尊的本誓強調救濟眾生，故而適於成為大眾化的宗教。

關東有各種大大小小的靈場，而今遠近的信徒都會聚集來此，其中尤以成田山新勝寺為其代表，而中外馳名。在此即以成田山為中心，而敘述近世的不動尊信仰。

根據新勝寺的寺傳指出，其起源是是九四〇年。而後在許久之間均沒有記錄。收藏在新勝寺內院的十三塊板碑中，有二塊上記載的年月日仍清晰可讀，其中一塊寫著一三三六年（楠木正成戰死的那一年），另一塊寫著一三九四年（足利義滿讓將軍之職給其子的那一年）的年號。前者是兒子為了父親的百日、後者是為了逆修（生前的供養）而均將表示阿彌陀如來的梵文記載下來。直至現代，新勝寺已擁有許多信徒，此乃不言自明之事。

道譽上人

有關得到新勝寺不動尊保祐的故事有許多，是謂「利生記」。其中有一則最為古遠的傳說，是有關道譽貞把（一五一五～一五七四年）的故事。

此人是和泉國人，後來出家修行，而立志到武藏國的三緣山增上寺學習。有一次他回鄉說法時，一站上了講台卻怎麼也說不出來，為此他感到十分羞恥。經此一事，他發憤圖強而再次到東國學習，當時，他曾去參拜成田不動尊達二十一天，並且向不動尊祈願。有一天，就在他半夢半醒間不動明王現身了。當時不動明王拿著一把利劍和一把鈍劍問他：「你要吞那一把劍呢？」他回答：「我要吞利劍」。於是明王便將利劍戮進了他的的喉嚨。當時，他流了大約有一升多的血，後來卻死而復生，並且沒有任何疼痛的感覺。自此之後，他每天都可以背下許多的聖典，所以最後便成為了一個通達佛教（包括密教在內）、術德兼修的高僧，並且在千葉的生實創設大嚴寺，其後又成為增上寺第九世的住持。道譽在成田山得到不動尊庇祐之事亦載於增上寺的寺誌『三緣山志』卷九中。

祐天上人

以下則列舉與不動尊信仰有關的當時高僧們——

祐天顯譽（一六三七～一七一八年）與道譽一般，有關他們兩人的不動尊利生記均以各種形式而廣為流傳。此人也住在大嚴寺中，後來則成為增上寺第三十六世。其深得綱吉等將軍家的信賴，並且再建東大寺大佛、修整鎌倉大佛，而成為超宗派的活躍高僧，並享有盛名。除書籍、講談、畫冊中載有祐天上人的利生記之外，還有劇本亦以此為題材而搬上舞台。

道譽及祐天等淨土宗具有代表性的高僧，均蒙受過不動尊的庇祐。至少在增上寺的正式記錄中有關於道譽之記載。增上寺是密教色彩濃厚的寺院，其法式中亦包括如「五重相傳」般的密教儀式。

淨嚴

德川五代將軍綱吉的元祿時代，各界都出了許多大人物，而佛教方面也有很多傑出、優秀的僧侶。淨嚴（一六三九～一七〇二年）是河內人，其自幼即喜愛閱讀佛典、學禪，並屢次上高野山受教於阿闍梨，且廣泛研究佛典。淨嚴藉法隆寺的具葉膳本研究梵語，並著有研究書（歐洲在百年之後才開始研究梵語）。求教於淨嚴的契沖活用梵語研究法而著有『萬葉代匠記』，並將其贈予水戶光圀。此乃廣為人知之事。

此外，淨嚴還研究律、使古風復活，並行結緣灌頂，而將數萬信徒引領至密教的領域。其深得綱吉的信任，並在湯島開創靈雲寺。著書二百冊以上，且冊冊均為學術界所重視。在其著作中，『不動忿怒瑜伽要鈔』三卷乃是與不動尊和護摩有關之研究書，內容廣泛引用佛典及故實，筆調十分明確、懇切。這是淨嚴在五十七～五十八歲時的著作。如淨嚴般學問廣博，且受廣大信徒敬崇的高僧信仰不動尊，乃是意義十分深遠的。這三卷著作對今後的研究者而言乃是不可或缺的指南。

護持院隆光

元祿時代的隆光（一六四九～一七二四年）也是一個不容遺忘的人物。他以向綱吉進言，使其下達「生類憐令」之禍首而聞名。其為大和人，自幼便好學，並曾在長谷寺、高野山、法隆寺、興福寺等處廣泛學習佛典、接受灌頂。後來為綱吉所邀請，在神田橋外創設護寺院。

其甚得綱吉寵信，故得以興建許多寺院，並擁有權勢，但是，在將軍死後，他便失去了權勢，而隱退大和。在其著作中，有『聖無動經慈怒鈔』二卷。其學識與淨嚴不相上下但卻經歷不同的榮枯盛衰之路。而他所著述有關不動尊之著作，也是值得注目的。

覺眼

覺眼（一六四三～一七二五年）是薩摩人，並為京都智積院的第十一世能化。後來，他受江戶之邀而成為護持院的第三世。一七一七年，護持院遭祝融之禍，此後他便隱退了。此人曾致力於成田山新勝寺之隆興，關於他的貢獻我將於後文中述及。

江戶時代初期的新勝寺

如前所述，成田山新勝寺創設於九四〇年。其後自一五九〇年至德川家康入城江戶，有關新勝寺的記錄只是片片斷斷的。可以確定的是，慶長年間宥鑁（一五七二～一六三四年）是成田山的住持，其後的歷代住持亦有記錄。宥鑁出身於下總國香取郡，其接受家康的皈依，而成為江戶彌勒寺的中興第一祖。自那時起至一七〇六年，新勝寺是彌勒寺的末寺。使新勝寺勃然發展起來的，是被稱之為成田山中興第一祖的照範。他自一七〇〇年擔任住持。

照範

照範（一六六四～一七二四年）生於水戶，雖然他並不是出自名門，但卻好像是出於高貴世家。有人傳言他是德川光圀（一六二八～一七〇〇年）的庶子。光圀曾在一六七四、一六九五年參拜過新勝寺，而和照範感情很好。

照範十二歲時便在下總國香取郡的新善光寺出家，並留學京都的本山，而在一七〇〇年擔任新勝寺的住持。由歷代住持開始興建的新本堂在照範就任後的第二年完成，續之，他又興建了三門、總門、鐘樓堂、弁才天堂、歡喜天堂等等。在外觀完備之同時，為了提高寺院的等級，他使新勝寺止於為江戶的彌勒寺之末寺，而使其成為京都嵯峨的大覺寺門跡直接的末寺。並且得到了京都智山（智積院）化主覺眼、小池坊尊祐所給與的常法談林（寺院之等級）的許可狀（其後在一八七九年脫離了大覺寺末寺而成為智積院直屬末寺。其又得到了佐倉城主稻葉公所贈予的寺領等捐款（在藩主為松平家、堀田家之後，佐倉藩和新勝寺就有了密切的關係）。

在江戶時代按照規定所有的寺院均應歸屬於本山，所以成為大本山的直屬末寺在寺院等級之提升上是很重要的。述及提高新勝寺之等級，蒙受稻葉丹後守和護持院隆光之推薦乃為關鍵所在，而當時的智積院化主覺眼對此事也相當盡力。他率先在一七〇〇年寫成『當時大緣起』（下總國成田山神護新勝寺本尊來由記）。

在書中，他提及將門之亂時的創建情形，以及其後新勝寺成為東國鎮護，並曾發生過多次顯靈之事。比方說，女人的難產、海員的漂流等均得到幫助。此外，如果贈予寶劍，狂亂者便得以治癒，風濕病也會很快就復原。以道譽上人為例，自此之後，尤其是淨土宗一派的僧侶便老遠來到新勝寺，而絡繹不絕地祈願斷縠。

在覺眼、隆光兩前輩的鼎力援助下，照範得以引領新勝寺邁入一個劃時代的發展方式，並與江戶鎮民結緣。

江戶的商人

在覺眼的『當寺大緣起』中明白指出，成田山新勝寺如名所示，為東國鎮護，並且自古以來即為武將們所信仰。此一傳統由戰國時代的諸將，經歷江戶時代的佐倉藩，並為明治以後的陸海軍將士所繼承。如道譽一般祈願才能開發者有很多。如後所述，二宮尊德參拜成田則是祈願自己對於事業能有自信。藝能者至新勝寺祈願的也很多。

但是，成田山的信徒大多是一般庶民。如『大緣起』中所載，曾救助過產婦、病人及狂人。此外，也有人來此祈禱海上的安全。總之，在遠近的農民、漁民間有許多的信徒。

江戶鎮民和千葉的農民間自古以來便有所交流。往復間在船橋上夜泊一晚、在成田住一晚的四天三夜江戶至成田參拜之行宛如是在度假一般。其間並沒有滯礙難行的關卡。自那時起，江戶鎮民間的信徒便漸漸增加，而形成了幾個團體。

另一方面，日本橋的魚河岸、深川的米批發商、大根河岸（青果市場）、木場的木材批發商等大商人們乃是中心。其他諸如藏前以幕府官吏為對象的金融業者們亦為中心。加之還有花柳界、消防隊員、歌舞伎界等，也不乏成為不動尊之信徒者。

他們之間有的是單獨前往成田山參拜，有的則組成講社而團體至成田山參拜。講社在關西即是自平安時代起為了到神社佛閣參拜而組成的團體。在江戶，成田山參拜者因講社而增多。元祿以下約百年間，光是江戶就有三〇個左右成田信徒所組成的講社。如果再加上關東、東海、甲信的講社，時至幕末已有二〇〇個以上的講社了。

出巡江戶

江戶鎮民間大多數的鎮民們都希望成田山新勝寺的本尊能出巡。成田山新勝寺的本尊在一七〇三年（元祿十六年）四月二十七日至六月二十七日第一次出巡。當時，將軍綱吉的生母——桂昌院也希望能參拜本尊，但卻不可能前往深川，故而在與寺社奉行達成協議後，由山主照範等迎奉本尊至江戶城三之丸伺候，而讓桂昌院在那裡參拜本尊。她也是護持院隆光的熱忱信徒。

在這次出巡之後，成田山主便為了配合信徒們的冀望，而設置「成田山御旅宿」來安置分身的本尊。自一七〇三年至明治維新期間，共計出巡達十次。延綿數百人的行列由成田出發，而分別在臼井、船橋、新宿、千住等地各住一夜，到了江戶後，逕至新吉原大門前、淺草八幡、伊勢屋四郎兵衛、駿河町三井系店休息，然後旅宿深川永代寺。

成田山出巡的情景亦繪於錦畫之上，其深受人們所喜愛。後來至成田參拜的風氣日益熾烈，到了元祿時代以後只要一提起不動尊，就會讓人想起成田。同時，江戶成田山御旅宿也成了新的靈場，到了一八七八年（明治十一年）十月二十七日則在深川入幡宮境內成立了成田山不動堂，現在稱其為成田山東京別院。

第一代團十郎

成田不動尊信仰與歌舞伎結合在一起後，益發刺激了江戶鎮民間的成田不動尊信仰。歌舞伎原本發跡於京大阪，到了十七世紀初，隨著江戶鎮民文化的提昇，在江戶也可以看到猿若座等四座表演。江戶歌舞伎經由第一代團十郎的自導自演而逐漸飛黃發展起來。

第一代團十郎（一六六〇～一七〇四年）的曾祖父——堀越十郎是甲斐的武士，後來則喬遷至成田的附近。他的孫子出生在江戶，即是後來的第一代團十郎之父。第一代團十郎年輕的時候膝下無子，於是他便至成田山祈願，希望能有一子。結果得以如願，而育有九藏（其後的第二代團十郎）。

他非常感謝不動尊的保佑，而於一六九五年在江戶山村座演出「一心二河白道」，並且自己扮演不動明王。續之又在一六九七年於中村座推出「兵根元曾我」，而八歲的九藏扮演山伏通力坊，實即成田不動尊的化身。此後，市川宗家便將堂名稱之為成田屋。

第一代團十郎所推出的歌舞伎非常受歡迎，所以場場客滿，而成田附近的人們都蜂擁而至來觀賞。因此，第一代團十郎每天都可以撂下十貫文左右的香錢。在千秋樂之後，第一代團十郎又推出「小栗判官」和「出世隅田川」，而由其本人扮演不動明王。一七〇三年四月，在森田座演出「成田山分身不動」，而由第一代團十郎扮演胎藏界的不動尊、九藏扮演金剛界的不動尊。

由於這次的演出與深川永代寺成田不動尊第一次出巡的時期一樣，所以成了江戶鎮民的話題。第一代團十郎比當時新勝寺的住持——照範大四歲，兩人的友情甚篤。成田不動尊信仰自那時起便融入了江戶鎮民的生活中。

歌舞伎十八番

市川宗家代代都是成田不動尊的信徒。第七代團十郎被譽為近世日本演劇史上的名人，而其與成田山的關係尤其緊密。第七代團十郎曾在「雪吉野惠木顏鏡」、「伊達幟解脫絹川」、「法懸松成田利劍」、「菅原流國字曾我」（瀑櫻誓利劍）等劇中親自扮演成田山不動明王。

第七代團十郎經常至成田參拜。一八四二年，其因觸犯水野忠邦的奢侈禁止令而被處流放至江戶時，曾到成田並在山內的延命院中制慾。其間他曾斷食一週。

第七代團十郎亦曾選定「歌舞伎十八番」，而其中也有「不動尊」。在「鳴神」中，鳴神上人對著不動明王的畫像祈禱不要降雨時，被當麻姬所迷惑，而燒掉了那幅畫。「勸進帳」是基於謠曲「安宅」而編成，其中有一段山伏問答是——富樫說：「山伏的扮像……」弁慶說：「乃是模仿不動明王的尊容」。這段山伏問答乃是聽了當時知名的講釋師伊東燕凌的講述之後，以此為資料而纂寫成的。

第七代以後迄至現在，歌舞伎與成田不動尊信仰一直保持著很密切的關係。

二宮尊德

二宮尊德（一七八七～一八五六年）和第七代團十郎是同一個時代的人。他使道德與經濟調和，實踐並指導農業。他是相模人，曾開發復興過六〇五個鎮村，其中尤以小田原藩主大久保氏的析居——宇津氏的領土：野山、櫻町領的復原工作至為滯礙難行。

他到達當地就職後，一連發生了好幾個意外事件。在一八二九年一月四日，他突然以「因公至江戶」為由而失蹤了。經過九十多天，至四月十日才回來。其間，尊德在三月來到成田斷食參拜。當時的住持照胤便問尊德：「你不是病人，不是為錢所困，不求榮華，看起來也不像遭遇災難，究竟是為何斷食修行呢？」他意志堅定地告訴照胤，他是為了解救人民。如能解救人民，赴湯蹈火再所不辭。

於是照胤便教導他『聖不動經』，而尊德在受教之餘還將其寫了下來。在經歷二十一天的斷食之後，尊德馬不停蹄地當天就離開成田，走了二十里的路回到櫻町。第二天他又立即展開全村的巡迴，最後終於完成了這項艱難的工作。

其後，他便將不動尊的畫像懸掛在自己房間的壁龕上。當別人要他回顧櫻町的過去時，他這麼回答——「當時人民離散、土地荒蕪，我真不知該如何著手與建。但是最後則下定決心不計成敗，堅定不移地展開工作。我發誓無論遭遇任何事故，均要堅持下去。而且我知道不動尊即「不動為尊」之意，猶如猛火浴身而堅忍不動的尊像一般。我在自己的房間內掛不動尊像，不只是隨時告誡自己，同時也將其真意教示妻子。我至今仍一本不動之心，而凡事堅毅行之，是故現在還掛著不動尊像以示其意。」

戰前尊德被譽為「模範二宮金次郎」，在各小學的校園內均置有其立像，至今在日本還有許多的信奉者。尊德也是在成田斷食祈願後成功脫險，並一生不渝地信仰不動尊者。

十、不動尊諸相

五不動

從江戶時代到現在，民間流傳著無數成田不動尊顯靈的故事。江戶時代的相撲力士、木工、消防員等的故事亦散見於講談、劇場、畫冊、書籍，而廣為人知。

不僅是成田，關東日野市高幡的高幡山明王院金剛寺（高幡不動）、相模中郡的大山寺等都有古遠的起源，其以江戶時代以後的不動尊靈場而聞名。日本東京的目黑竜泉寺目黑不動、目白新長谷寺的目白不動、小松川最勝寺的目黃不動、駒込南谷寺的目赤不動、世田谷教學院的目青不動，被稱之為「五不動」。而目黑、目白等亦以地名而聞名。

分別以五種顏色來描繪不動尊者，平安時代的青不動（京都青蓮寺）、赤不動（高野山明王院）、黃不動（三井園城寺、京都曼珠院）亦屬之。此非偶然，實則起源於印度。印度密教將「金剛瑜伽者」命名為「暴惡大忿怒」，其中包括：黑不動、白不動、黃不動、赤不動、青不動。「暴惡大忿怒」亦包含在傳入日本的不動尊火界咒（大咒）及慈救咒之中，漢字記做「戰拏摩訶路灑拏」。不

青龍山不動寺不動明王像

動尊信徒們應該都知道這些。

不動尊的尊像不只是顏色有別，其容貌、姿勢、持有的東西也未必相同。不動尊像富有變化，實乃一大特色。

廣泛的信徒層

猶如不動尊的尊像富有變化一般，其信徒層也很多樣化。如前所述，自平安時代至現代，其信徒層包含皇室、皇族、大臣、貴族、將軍、學者、商人、農民、漁民、勞動者、藝能人等，亦即包含了所有社會層與職業。信徒們的受教育程度亦各有不同。有的人是為自己祈願，有的人是為社會及國家祈願；戰時，有的祈願能打敗敵人，有的則祈願將兵武運長久。戰後，占領的將校們最常造訪的寺院是關東的成田山。交通安全的護符在戰前的計程車中也經常可見，最近甚至連車子也參拜不動尊而接受加持。

此外，不動尊信仰沒有排他性。日本固有的山岳信仰亦形成修驗道而與不動尊信仰結合。藏王權現等許多的權現信仰均與不動尊有關係。道譽及祐天是淨土宗的人；二宮尊德基於神道·儒教·佛教而說報德教。不動尊則超越了此一宗旨，而把他們拉近身邊。不動尊的信徒們參拜其他的神社·佛閣也不會感到矛盾，反倒是每一有機會便去參拜神佛。由此可見，如是的寬容性是日本人宗教的特性，而此特性實則由來於不動明王本來的性格。

宗教的偏狹和寬容

許多宗教只尊敬自己所恭奉的神或佛，而教以信徒們其他宗教為惡魔之觀念。並且威嚇信徒們信奉其他的神、佛，將會下地獄。而反觀不動明王之信仰則是來者不拒、去者不追。路過時順便來參拜一下也好，拚命地斷食參拜也可以。去了別的地方之後再回來也不會發牢騷。比起許多宗教，祂是極為大方、寬容的。

猶太教、基督教等宗教的信徒們信奉：「不可以供奉自己以外之神祇」，由此可見，不動尊信仰是沒有什麼拘束的。此外，由不動尊的廣泛信徒層看來，也許有人會批評其為「愚夫愚婦的低俗信仰」。實則這般的批評根本源自於膚淺的觀察。不動尊信仰包含了所有的信仰形態，因為它包括了由最低至最高的所有層面的信徒。為什麼呢？由於不動明王包含了所有的信仰對象，所以無論信仰那一位神，或那一位佛，其結果均如同信仰不動明王一般。

不動尊信仰的根源

有一句成語是這麼說的：「精誠所至，金石為開。」其意為，即使只有一點希望，只要有信心就會成功。在社會上，只要一聽說誰的病痊癒了，或是誰開運了之類的傳言，便會有人蜂擁而至，並大聲疾呼「這是值得珍重的」。戰後，日本的經濟陷入不景氣時，這種情況尤其嚴重。戰後當時，日本全境內有許許多多「值得珍重」的教主。但是，不久之後，大部分「值得珍重」的教主便如泡沫般消失無蹤了。

觀此可得知，這與具有歷史背景的信仰並不相同。雖然宗教信仰會因時代巨流之推移，而多多少少有些消長，然其價值卻是不會改變的。這般的信仰經歷的年數愈長，其理論與經驗等方面的基礎會更為紮實。

所謂理論即是指，植基於有組織的人生觀、世界觀者。宗教也好，哲學也好，均由理論所構成。所謂經驗即是指，其信仰永久深植於民間。這並不是特定的個人以一時之間的想法說出來的事情。

印度傳來的密教正統聖典中有說到不動尊信仰，而就理論觀之，其是植基於宗教及哲學的組織。此外，不動明王本身發源於印度民間的信仰，而同一起源的信仰至今乃存活在印度人的宗教生活之中。雖然佛教與印度教的形態類似，但其意義、內容卻完全不同。到底有什麼不同呢?容後再為各位說明，而在此只需注意到不動明王起源於古代印度，亦即其淵源久遠。

基於這個原因，本書將更深入追溯其根源，並考察不動尊信仰的許多基本問題。

不動明王信仰

不動尊之考察

此尊於大日華台，
久已成佛，
以三昧耶本誓願故，
而現初發心諸相不備之形，
為如來僮僕，
給使執作諸務。

——『大日經疏具緣品』——

一、眞言密教

真言密教的基本聖典——大日經與金剛頂經

各宗派的祖師在開立任一宗派時必定會依據某經典或論著。我想一定會有人感到奇怪，究竟為何有此必要呢？針對這個疑問我的答覆是，無論任何事情都應避免獨斷或獨善。這不僅是宗教，而是從學問到社會上所有的事情都應具備的必要條件。祖師們在開立一宗一派時，必須做出如下的宣言：〈現在我想開立的宗門並非依據我個人之好惡而獨斷或獨善，這已是佛陀在〇〇經中說過的。我依據此經典，在此提倡〇〇宗。此外，我尚依據〇〇論師所編著之論書，開立現在這個新宗派——〇〇宗〉。開立新宗派的祖師們若依照這個宣言，便能取得他人的認同與信賴感。

真言密教的開山祖師——弘法大師空海上人便遵從右列之原則，而以金剛頂經和大日經為其依據之經典，菩提心論和釋摩訶衍論為其依據之論書。

順此一提，佛教中有所謂的八宗九宗，亦即具有各種宗門。而各宗派均依據其特有之經典而成立。比方說：華嚴宗是以『華嚴經』、天台宗及日蓮宗是以『法華經』、淨土宗及淨土真宗是以『阿彌陀經』、『觀無量壽經』和『大無量壽經』為其根本聖典。

一般所說的『金剛頂經』即是指不空三藏翻譯的三卷『金剛頂一切如來真實攝大乘現證大教王經』。其收錄在『大正藏經』的第十八卷中。現今的『金剛頂經』則是指大日如來在十八個會場中所說的一大叢書。而這一大叢書的『金剛頂經』並未全部流傳下來。在『十八會指歸』中也只得見其梗概而已。是故，我們只要知道真言密教的根本聖典為何，而且了解一般所說的『金剛頂經』——三卷教王經之性格，亦即此經典之特質為何即可。以下即為各位說明之。

在說明之前，各位有必要知道佛有法身、報身和應身等三身。釋迦牟尼開悟而成佛陀（覺悟者）即是看透了宇宙實態、究明了人類生命的實相以及明白了生存之道。我們有必要明瞭釋迦牟尼開悟之內容，而以外在之言語來解說釋迦牟尼所開悟的宇宙實態與人類生命實相，即謂「法」。法可以說是理法，亦可說是道理。因此，現代的佛教學者都稱法為真理。但是，各位！你們務必要注意，法或真理並非我們腦海中所思考的純粹理法。在廣博的佛教領域中，有的學派認為法（真理）是眼睛看不見、身體感受不到的純粹理法。而真言密教則主張法是活生生存在的，是能使現實的一切都顯示出來的根本創造力。不，直截了當地說，萬物是法，法是萬物。亦即，根本之法即是法身之佛。開悟法身而成佛陀的釋迦牟尼即是應身之佛。其意味著，釋迦牟尼是應同這個社會而出現的佛陀。接下來所要考慮的是，釋迦牟尼在人世間乃生而為人之子，但是釋迦與普通的人類不同，祂本來就是佛。原本便是佛的釋迦為了救渡世間的芸芸眾生而化身印度釋迦出現在人世之間。此處所指的釋迦本佛即謂報身之佛。其意味著，為報答長久之修行而出現的佛。如此，法身、報身、應身之三身說便成立了。

現在就讓我來說明『金剛頂經』的性格。法身大日如來在此經中講述著自身的內證智慧。即是祂在此經中「說智慧」，而這一句話含有極重要的意義。因為智慧是冠上開悟作用之語，所以智慧乃是對事情具有能知之作用者。藉智慧而可得知之事即謂所覺之理。在此雖然說是「說智慧」，但是說的方法有許多種。大人對小孩說智慧時，以赤子之心，藉簡單的譬喻與方式來說，是為常道。而對大人說智慧時，一般都應交互運用各種方式，使其易於理解。另外當然還有許多方式，不過以下僅再列舉一種方式。比方說：詩人或藝術家將自己的心（生命）完全拋開的做法。這時所謂的「說」與一般的情況不同，它是將能說的作用與所說的事情合而為一的境界。以這種說法來說的話，說話者的心與其所說的事情便合一，在學問上這即是所謂的「象徵」。弘法大師的真言便是指這樣的象徵。

弘法大師在光仁天皇寶龜五年（西元七七四年）六月十五日誕生於讚岐國屏風ケ浦（現今香川縣善通寺市總寺院善通寺的某處）。延曆二十三年，時值三十一歲，他便渡唐而繼承了惠果阿闍梨所傳授的真言密教奧儀，然後返日。大同二年（西元八〇七年），其獲得開創真言宗之敕許。弘法大師空海上人在開立真言宗時曾大聲叫道：「我空海所開立的真言宗是密教，而真言宗以外的所有佛教均是顯教」。密教乃秘密佛教的略語。真言秘教所謂的秘密並非隱秘之意，而是指意義深遠。真言宗以外的諸宗認為佛相應眾生的機根（能力、素質），故應採用適當的方式來說經，方能使聽者明瞭所云之意，是為方法教（＝善巧方便的教）。這教義謂顯教。相對地，真言宗的法門中，法身大日如來並未尋求任何方式，也沒有隨順眾生的機根等，僅說出自身的內證，是此，這是深秘的法門。我們稱其為密教。密教即是在說大日如來的內證，故可謂真言之教義。

是此，有配合聽眾能力等而說的方法說，以及不考慮聽者之能力，而完全將自己的生命內容一擲而空的說法等二種說經方式。若說到佛的三身，其中法身的說法是不考慮對方的，亦即那是將法身的內證一傾而空的做法。而報身與應身的說法則是對症下藥，隨眾生機根、素質而說的方法說。

『金剛頂經』乃是法身大日如來未摻雜任何的方法，而將自己內證的智慧悉數拋出的聖典。

『大日經』即是大日如來說出本身實相的經文。此處的「本身實相」乃是大日如來本身的實體。法身大日如來沒有摻雜任何方式而直接說出本身實體，這即是『大日經』。而前文所述及的『金剛頂經』與現在所說的『大日經』都是法身

百光遍照觀想圖

大日如來所說的聖典。真言密教的教主為法身大日如來，此乃當然可以理解之事。

『金剛頂經』與『大日經』究竟有何不同之處呢？我們應該怎麼看這兩者之間的關係呢？這是值得仔細思考的問題。任何一位佛陀均能開悟宇宙大法，亦即宇宙的真理。當我們分析佛陀開悟的法時，可將其分為能夠開悟法的智慧和藉此智慧來開悟的法（真理）等兩方面來思考。在佛教學中，稱此二者為能覺的智和所覺的理。能覺的智與所覺的理混合成一體即形成了佛陀的存在。就釋迦牟尼之例來觀此理。釋迦牟尼初生為人子，後出家而成為修行者，最後在菩提樹下豁然悟得宇宙之大法，而成為佛陀（開悟者）。此即釋迦以其智慧了悟宇宙的大真理，使其智慧與宇宙大法成為一體。亦即，釋迦成為了宇宙大法的本身。而能覺的智與所覺的法在釋迦的身上融合為一，形成了佛陀釋尊生命的內容。

同樣地，能覺的智與所覺的理（法）亦在大日如來的身上混然而成為一體，並形成法身如來的自內證（純粹生命）。如是，使能覺的智慧與所覺的理法成為一體的大日如來，便稱做法界法身摩訶毗盧遮那如來（法界法身的大日如來）。若只取其形成法界法身內容的智慧面來說，便稱其為智法身的大日如來；若取其理法面而言，則稱其為理法身的大日如來。智法身即是說『金剛頂經』的大日如來；理法身則是說『大日經』的大日如來。

由於理法身的大日如來在『大日經』中，並沒有摻雜任何一種方式來說明自身的內證理法，亦即其以完全拋出的心情，直截了當的說出理法，故而『大日經』被視為理之法門。而且，理法門的本身本來即具有理法身，其恰如胎兒宿於母親的胎內一般，因此，『大日經』中所說的理法即謂之胎藏法。

大日如來無止無休地歷經常恆三世，持續將胎藏法示現、展開在身體、言語、心意等三項活動上。我們稱此身、語、意三活動的示現展開為三無盡莊嚴藏，或稱莊嚴藏為宇宙法界曼荼羅。由於宇宙法界曼荼羅是廣大無邊的，甚為深奧、微妙的，亦是不能以手來指示的，故而只能以形來象徵性地表現出來。透過如是的象徵之形，得以開悟真實的宇宙曼荼羅。

在『大日經』中清楚說明了將宇宙曼荼羅示現於圖畫的方法。是此，我們便稱『大日經』中所說的曼荼羅為大悲胎藏生曼荼羅。其如孕育在母體內的胎兒，在母親的大悲之下成長，並漸漸成為可愛的嬰孩而呱呱落地。即理法身大日如來以其大慈大悲，而生成自身的身、語、意之曼荼羅的意思。此外，我們稱將經典中所說的曼荼羅繪於圖畫者為現圖胎藏曼荼羅。此外，亦把宇宙大法比喻成胎兒，而稱其為胎藏。有時還會將此大法稱之為蓮華藏。由於在蓮花中，果實已存在於蓮花之名上，亦即其已是成熟的果實，故而將胎藏本有的理法比喻為蓮華藏。

接下來是智法身自己說開悟宇宙大法的智慧。此即『金剛頂經』。「金剛」乃堅固之意，它有兩個功能。一為：表示智法身大日如來的智慧是十分堅固，而為任何東西所不能破壞的。另一為：表示智法身大日如來的智慧，必定能折服擊退強剛難化的煩惱與惡魔。因為這是一部說智法身金剛不壞的智慧之經典，所以定名為『金剛頂經』。而智慧的世界，或智慧之體則稱為金剛界；智法身大日如來亦被稱之為金剛界的大日如來。

傳承真言密教的祖師

如前所述，真言密教即是法身大日如來說出自身內證之全貌的法門。現在就讓我來告訴各位，從大日如來到弘法大師，其間是經由那些祖師將真言密教傳承下來的呢？

究竟原本的大日如來說法是什麼樣子呢？它並不是像佛陀釋尊在印度對著任何人說法的樣子，而是指法爾自然的宇宙真理自己展開活動，即法身的說法。以下即將其喻作人類社會的說法而解說之。

法身大日如來在秘密法界心殿中不斷地演說自身的內證。是即，大日如來無止盡地藉由自己的必然，原原本本地將自己的內證展開活動。由於祂並不是特定對著誰說，所以能自受法樂於大日如來的說法。大日如來自己獨自演說，而使自己享受法。

由於是這麼樣的說法，故列席聽法的乃是來自大日如來心內的無量無數之金剛菩薩。無數聽眾中的首腦是金剛薩埵。金剛薩埵不但是無數聽眾的代表，同時也代表人間的芸芸眾生，故而祂傳承了大日如來的真言密教，而成為第二傳法之祖。傳授真言密教乃採所謂的「以心傳心唯授一人」的方式，亦即，只有阿闍梨（師匠）與弟子等二人進入密室，不用言語，而以心傳心，即藉動作來傳授之。這就是所謂的接受傳法灌頂的職位。在傳法時，大日如來告訴金剛薩埵——

「你將來在無量世界中乃是最上乘者（信仰真言法門者），所以在現生你必須成就世出世間（世間與超然世外）的悉地（覺之結果）。」

金剛薩埵於是便遵奉敕言，整理如來的教說，完成了金胎兩部十萬頌的大經，且將此經秘藏在南天的鐵塔中，等待時機而將其流傳於後世。終於到了第三世紀左右，出現了一位高僧，是即龍猛菩薩。祂繼承了金剛薩埵的兩部大經，而成為第三傳法之祖。

龍猛菩薩出生在南印度的毗達羅巴國，時值第二世紀至第三世紀左右。自幼，祂便閱讀吠陀（印度最早的法典），並經年累月地窮究佛教的奧義，最後終於成為了受人景仰的一代聖者——後世八宗之祖師。

高僧龍猛啟開南天鐵塔之門後，便尊金剛薩埵為師，並依循傳法灌頂之法軌而行密儀，繼承了兩部大經，並將此宣告於世。

如是，龍猛以歷史上人師之身份，首先開啟南天鐵塔的大門，並接受了超歷史性的金剛薩埵毫無保留地傳授真言密教之奧秘。大抵而言這只是象徵性的表現，但卻已具後世真言法門相傳的規模。南天的鐵塔是宇宙法界的象徵，亦是龍猛的菩提心標幟。因此，南天鐵塔是宇宙法界塔，同時也是我們真言行者的菩提心塔。現今，真言宗在舉行傳法、教法講讚時，都會將其所在地視為南天的鐵塔，師匠則住在大日如來的三摩地，弟子住在金剛薩埵的威儀。於是，大日如來在法界道場——南天鐵塔傳法給金剛薩埵的秘密行軌便成了真言密教相傳的規模。

龍猛菩薩後來又傳授密教給弟子龍智，龍智再傳給弟子金剛智，金剛智復傳予弟子不空，不空又復傳予弟子惠果。以上即是密教師資相承的順序（大日如來、金剛薩埵、龍猛、龍智、金剛智、不空、惠果）。而弘法大師空海上人在延曆二十三年（西元八〇四年），時值三十一歲渡唐，並追隨當時長安都內青龍寺惠果阿闍梨，而接受了傳法灌頂，及繼承了金胎兩部的秘義、瀉瓶傳承了密教的奧義。弘法大師在三十三歲那一年回到日本，並於翌年得到敕許，開創真言密教，成為真言密教相傳的第八祖。

如上所述，真言密教的師資傳承順序依次是：大日如來、金剛薩埵、龍猛、龍智、金剛智、不空、惠果、弘法。這就叫做八祖相承。密教的承續並不是像人世間的財產繼承，它是以心傳心，由師匠的心傳承至弟子的心，其恰如親子的生命延續，故而我們稱真言密教的繼承為血脈。第一祖大日如來的生命脈脈相傳，而至於弘法大師。現在，血脈相傳的真言密宗其源流略述如左。

宗派源流

惠果阿闍梨弟子中有一位日本空海大師，載法東歸，努力弘揚，同時又有入唐八家之眾各傳所學，綿延至今，枝流繁衍。

中國密教自開元三大士相繼弘揚，可謂盛極一時，然不久即遭唐末會昌之亂。於是儀軌喪失殆盡，亦不敢公然設立道場。故除不立文字之禪宗，不假壇場之淨土宗外，其餘各宗均就湮滅。其後趙宋之世，雖有施護法師等廣釋真言經典，然以其時傳授無人，故雖有大法不能修習。降至元胡入主，而喇嘛密教始盛行於華夏，但當時學習灌頂者限於權貴，不及於民間。當時對於真言根本教理均懵然不知所由，徒為正法之障礙物而已，於事無補益也。至於中國唐時，密教傳於日本，乃因當時唐朝聲教文物，震耀東亞。日本僧慕名來學者甚多，然成名歸國者，世稱入唐八家，即東密五人、台密三人。

山門：傳教、慈覺
寺門：智證
此三人屬天台密教。

弘法
圓行
常曉
宗叡
惠連
此五人屬東寺家。

八人中傳教大師入唐最早，所學天台、真言、禪宗、律門四種兼學，融為一貫，成為日本台密一宗。開比叡山千古道場。大師雖創始一宗但鞏固其基礎者，則為慈覺、智證、安然三大法匠。慈覺入唐後，歸而承宗祖傳教大師之遺業努力於一宗之教觀，作金剛頂及蘇悉地二疏，主張一大圓教，收盡顯密。智證大師作大日指歸，講演法華儀，鼓吹大日與法華無優劣之分。至於五大院安然和尚始確立四一十門之教判，蓋遠承善無畏，近承傳教、慈覺、智證之教旨。改天台之名而為真言宗。闡事理俱密之旨，圓密一致之宗。至此與東密旗鼓相當，互競雄長。穩固台密史上重要的位置。以慈覺創大體，智證潤色之，安然完成之，降至慈惠大師，台密已流布浸廣。四百餘年之間又為台密事相發達之期，因慈惠大師以後事相特盛。遂有川谷二流之分派，以衍成台密十三流。

更言東密中雖云入唐五人，但法緣鼎盛、薪傳大地者，唯弘法大師一人而已，其餘則身歿而名亦息矣。弘法大師以矢縱之資，幼通儒典，長而有玄奘之志，乘風破浪，啣命入唐。適青龍寺惠果和尚，正當待人而傳之際，得此大器，遂瀉瓶以授之。當時中國雖亦有多人承惠果之法者，然不久即遇會昌之亂，遂皆無繼續之望。幸弘法大師一燈分照，使今日法流重返，不然則慧命早絕。此不得不為密教之慶，而應以東海奧院比之鐵塔，而大師則東土之薩埵金剛也。大師學成歸國，開法東寺，故稱東密。嗣後選擇紀州之高野山，有八葉蓮花之態。立根本道場，綜其一生事業彪炳浩大，而學無不精，事無不能。不但密藏大法，盡在腹笥，而世間技藝，雕刻繪畫、辭藻歌詠俱入神境。故得舉世尊崇，千古如一日。不特一宗教義開發之祖，實為一國文化創建之母。非大悲應化，神力難思，豈得如是。大師入室弟子十人，世稱十哲，但續慧命，延法嗣者，實慧、真雅二傑而已，後分小野、廣澤二大枝，稱野澤十二流。大師十哲中雖延法脈者有二人，然二人中以真雅為諸流根本，故云大師法脈唯真雅一人亦無不可。而今在高野山所流行者除中院流兼三寶院流為正傳授外，尚有小島流、西院流、常喜院流、安祥寺流等。云中院者表南山八葉之中心，或大師住所之尊稱也。中院者即今之龍光院也，蓋明算大德住此時，有龍現瑞相，故改名龍光。明算受法於小野、成尊後樹法幢於此，故所傳法稱中院。小野成尊之弟子三人，一義範、二義俊、三明算。義範二人唯傳小野，而明算除接受小野法流外，更續起真然大德，相承之南山秘訣。今高野山大抵皆中院，與三寶院，二流並傳。其原因為當時新義與古義決裂之時，二家門徒械鬥頗烈，新義門徒決心遷地為佳。以根來山為道場，遂將中院流原有百餘尊大法，縱火燬其泰半，事後搜檢僅剩三十三尊而已，故於行軌常感不足。三寶院所傳百餘尊法與中院大致相合，故參合傳之以補不足。三寶院流自成尊之弟子三人各開一流，所謂道教、憲深、賴賢三人。道教稱地藏院流，又云道教方；憲深稱報恩院流，又云幸心方；賴賢稱意教方。慚衲所習者中院與幸心方。

大日如來

大日如來是真言密教的本尊，是宇宙法界的根本體，且是芸芸眾生的根本生命。首先，我們應該了解自己生命的實體，我們並不能以己力生存下去，而是藉由大自然之力生存下去。我們的生命是大自然賦與的，並非隨自己的自由意志贏得，亦即，無論如何我們都不能以己之力來掌握生命，只能隨大自然之力而生老病死。從這方面來說的話，得以操縱眾生之生老病死的大自然之生命力才是芸芸眾生的本尊——大日如來。但是在此將由另一方面來考量，我想藉由多方面的考量將有助於各位更了解大日如來。

我們生存的這個世界究竟是怎麼形成的呢？混沌初開的世界是什麼樣子？關於這些開天闢地的問題，印度民族早已提出。真言密教在『大日經』中詳細地說明了這些問題。在敘述這個問題時，我們必須先以現在的自己為出發點。存在於現今的我們怎麼來到這個世界的呢？不用說，當然是基於我們的雙親。那麼，我們的雙親又是怎麼來到這個世界的呢？這則要溯及他們的雙親了。

現在的我們若要追溯根源、追求原因，即使追溯到了探求之綱，探求之綱還會無限地延續。第一個原因，亦即回到最初的原點是不可能的。開天闢地之初，任何民族都是神創造的。印度在釋迦出世之前即已有了梵神創造萬物的宗教。由於釋迦的根本原理是諸行無常（萬物隨時都在變遷）、諸法無我（由於萬物隨時都在變遷，所以沒有我性），所以，祂認為在任何的意義之下都沒有固定我的實在。是此，祂否定萬物創造神——梵神的實在。在這個觀點上，佛教與明確提出有萬物創造神的基督教有顯著的差異。

姑且不論佛教所提出的第一原因不可得主義。世界並沒有所謂的開始，它原本就是像現在這樣，在萬物的生生滅滅中，持續著萬物流轉的現象。世界是藉本身的創造力，無止境地生成發展。宇宙並不是藉助於其他力量來活動，而是以己力來持續創造。並且一邊創造，一邊使創造力的本身具體化。創造力的物象化即是宇宙法界的創造發展。換言之，世界的現象即是宇宙創造力的具體化；我們每天都在經歷的現實生活便是宇宙創造力的具體呈現。

宇宙的創造力即是宇宙大自然的體性；在創造力本身的境界中，創造力即是整個宇宙。創造力是邁向具體萬象的可能體，由於它是未發的可能體，所以它不是能形成普通認識對象的具象物，而這正意味著創造力是無色無形之力。亦即，創造力即是宇宙法界的根本體性之法，宇宙的妙法才是這裡所說的創造力。妙法即是將萬物顯現出來的力量。

在思考宇宙創造力的問題時，我們也應探討一下現代物理學。眾所周知，在基礎物理學中，追求萬物的分子得以達到現代的電子說，更甚之，藉由分析追究電子，得以開發素粒子的境地。更令人感到驚訝的是，一旦分析上述的素粒子便可發現物質的狀相完全沒有了，而形成只有純粹能源之狀態。在我們以現代科學的方式探討出只有能源的境界時，若與真言密教的根本創造力之體性聯想在一起，則會發現一個令人嘖嘖稱奇的事情，即便是宇宙法界的根本體性——創造力即是純粹的創造能源。那就是妙法，亦即是法身。雖然根本法身就是法，但祂並不是純理之法，而是邁向現象的可能體之法。真言密教就將根本創造力之法身稱呼為大日如來。

法身的六德

大日經上說，宇宙本身的創造力——法身具有如下所示的功德：

「覺吾本不生　出過言語之道　得諸過解脫　遠離因緣　知空等於虛空」

這段經文是在說，無始本來的宇宙大自然之創造力，亦即法身具有如是的六德。我想這段經文的字面意思不太容易理解，所以在此為各位簡單地說明一下。

第一句「覺吾本不生」中的「我」即是指大日如來本身。亦即，「我」乃大日如來之意。接下來的「本不生」是「並非由而生」，亦即是指〈無始本來〉之意。宇宙並不是由什麼時候開始，而是在無始本來之下，以己力持續創造的。〈宛如原本的宇宙法〉即謂本不生。由於本不生的宇宙法即是法身大日如來，所以「大日如來（吾）覺本不生」即「大日如來自覺了」之意。就人格方面來講是大日如來；就法的方面來講，是本不生（宛如原本就有）。而事實上，大日和本不生只不過是同一樣東西的不同說法罷了。第一句的意思是〈大日如來自覺到了本不生法，而自覺內證之德如下所述〉。

第二句的「出過言語之道」即是：由於本不生的境地是創造力的活動本身，所以並非言語的對象。言語可以表達出來的東西，在我們的腦海中一定會呈現出表象（顯現在腦海中的相）。亦即，其必定被限制在一定的限度中。本不生法，亦即宇宙大自然的創造力並非我們的五感（視、聽、嗅、味、觸）所能感受到的，所以並不允許藉由言語來說明之。此即第二句之意。

第三句的「得諸過解脫」即是：由於在本不生之處沒有一切的妄想分別，所以得以由一切煩惱之咎中解放出來。「諸過」的「過」乃過錯之意，即誤認為在日常經驗中的我們周遭一切事物是實在的，這類會引起迷執的想法。在本不生之處沒有想或被想、看或被看的相對差別，故而無一切的妄想分別（錯誤的想法）。這即是「得諸過解脫」之意。

第四句的「遠離因緣」乃原本即有的法本身遠離因緣造作，無生也無滅之意。原本即有的法本身就是宇宙本身的創造力。因為創造力是無始無終、不變不動的，所以得遠離因緣造作的轉變。

第五句的「知空等於虛空」即是：本不生的理法如普通的空間一般是無際限、無分別（沒有區別）之意。第五句中的空是指本不生的理法，虛空是指世間普通的空間。本不生的理法是宇宙大自然本來即具備的創造力，而此創造力是我們的分別意識（認識）所不及之空的世界，其等於是世間（虛空）。

以上所述即是『大日經』中所提及的本不來理法之德。易言之，即是本來不生、離言說、自性淨、無因緣、如虛空以及我覺等六德。由於本不生是宇宙本身的創造力，所以本不生的六德也就是創造力的法身之六德。在『大日經』中，乃以如下之文字來表示法身之六德。

本不生是 𑖀 (a)、離言說是 𑖪 (va)、自性淨是 𑖨 (ra)、離因緣是 𑖮 (ha)、如虛空是 𑖏 (kha)、我覺是 𑖮𑖳𑖽 (hūm)。

以下即簡單說明之。由於本不生的梵語是 anutpāda，故而以其字首 𑖀 (a) 為本不生的標幟（記號。即以有形之物來表示無形之物）。而語言的梵語是 vāc，故取其字首 𑖪 (va) 為離言說的標幟。自性淨是無垢塵，而垢塵的梵語是 rajas，故取其字首 𑖨 (ra) 字，為清淨無垢塵之標幟。其次是離因緣。因緣的梵語是 hetu，故取其字首 𑖮 (ha) 為離因緣的種子字（表示佛、菩薩、事項的文字）。接下來是如虛空。虛空的梵語是 kha，故以 𑖏 (kha) 為如虛空的種子字。其次是我覺之德，在弘法大師的名著『即身成佛義』中，說 𑖮𑖳𑖽 (hūm) 乃是我覺種子字；𑖮𑖳𑖽 字是本來菩提心的種子字。我覺的「我」是大日如來的自稱；覺不是現在才開始覺，而是本來就已覺；是即本覺，本來法然（自然本身。宛如宇宙法）的菩提（覺體）。因此，菩提的種子字——𑖮𑖳𑖽 字即是我覺的種子字。

六大乃是法身六德的三昧耶身（象徵）

六大是指地大、水大、火大、風大、空大及識大。在古印度曾提出宇宙大自然的構成要素為地水火風的四大，或地水火風空的五大、地水火風空識的六大，以及七大之說。雖然是眾說紛紜，但卻都是單純的實在論。弘法大師說宇宙大自然的構成要素是地水火風空識之六大。此六大乃法身六德的具體表現，亦即，六大是法身六德的具現、是象徵。弘法大師認為法身六德被宇宙構成要素——六大具體表現出來，故而提倡六大即是法身如來的三昧耶身之新說。一般而言，三昧耶可以由平等和本誓等兩個意義來解釋。平等乃是做到絕對平等的開悟境界，本誓則是救濟芸芸眾生的誓言。亦即，平等是利己，而本誓是利他。具有利己利他的心，即是菩提心；而菩提心就叫做三昧耶。三昧耶身乃表示菩提心存在之物。以下所述乃是弘法大師吩咐應特別注意者。

佛教中亦認為宇宙萬物的構成要素是地水火風等。這些地水火風等是物質的要素，相對地，我所提倡的地水火風空識之六大乃是如來的三昧耶身（表示菩提的存在、象徵）。為人所景仰的真言宗中興之祖——興教大師覺鑁上人說六大即是六大法身。

以下即說明六大分別象徵著宇宙萬象的根本理法——創造力法身之六德的情形。

地大是本不生之德的象徵。

水大是離言說之德的象徵。

火大是自性清淨之德的象徵。

風大是離因緣之德的象徵。

空大是等虛空之德的象徵。

識大是我覺之德的象徵。

六大創造萬物

由於六大法身如來的六德具現，故可說是法身如來的象徵。同時，因為它是萬物的構成要素，故能創造萬物。前文中已經說過，六大是法身如來的象徵，故六大所創造出來的萬物便是法身大日如來之具現。在自然界的現象中，六大法身不外乎是常住無礙涉入（融洽）、離合集散之相（形相）。弘法大師以「六大無礙常瑜珈」來表現此事。瑜珈源自印度的梵語譯音，其意為相應涉入（融洽）。

如此一來，若說六大藉由離合集散來創造萬物，而展開宇宙大自然的現象，大家很快便能明瞭。然而，也許還是有人會想著「大自然到底是什麼時候為六大所創造出來的呢？」其實這種想法根本就是錯誤的。為什麼這麼說呢？說出六大創造萬物，即表示明瞭了宇宙大自然的天然道理，故而不應由時間方面來考量六大創造萬物的問題。現代的科學告訴我們，萬物是由各個原子創造出來的。當然，這也是在說大自然的道理。如果有人提出「是誰在什麼時候以原子創造萬物」的問題，必定會被專家一笑置之。前述之六大創造萬物的問題不應就時間方面來考量，亦同此理。

聽說六大是經由離合集散使萬物產生生滅變化的。假若因此而判斷六大是自然現象的根本原因，這就大錯特錯了。為什麼呢？六大創造宇宙萬物乃是說，六大創造發展萬物的大自然理法。亦即，無論在那裡均會呈現出天然自然的道理。也就是說，六大是宇宙大自然的體性，並不是創造宇宙大自然的第一原因。真言密教的世界觀是，世界無始而形成生滅變化的大自然。是即，其根本理念為，宇宙法界是無始無終的。

六大創造出來的現象謂之「曼荼羅」

前文中述及世界萬物均是六大創造出來的，然因六大是大日如來的六德，故謂之六大法身。象徵如來的六德，可以說是如來法身的六大所創造出來的萬物，其為法身大日如來的具現。宇宙大自然的任何事物均可說是法身大日如來的分身。而宇宙大自然的法身如來之分身即是集會在重重無盡中的法界曼荼羅。曼荼羅是由曼荼和羅二語構成的。其中，曼荼乃「本質」之意。在密教中是指「不算計他人之天真本性」，亦即「開悟的境界」。羅則是「具有」之意。故而，曼荼羅為「具有本質」，是即「天真」之意。由六大創造出來的宇宙乃是法界。法界即意味著，一切均是法身。以佛教語來說，「唯佛與佛」即宇宙是法身，一切是法身之意。而「唯佛與佛」則是指只有佛和佛的世界。由於在只有佛的世界，一切都是平等真實的，故稱之為「曼荼羅」。家庭中的每一份子都相親相愛，呈現出一片融洽、祥和的狀態即謂之「家庭團圓」。由於無限的宇宙大自然中，天真的佛陀們均保持著平等的心境，所以大家相處得十分融洽而形成大團圓的景象，而我們則稱此為法界曼荼羅。法界曼荼羅是由外觀的相狀上來定六大創造出來的法界之名。

出現在法界曼荼羅上的四種意義

由於在法界曼荼羅的相狀中出現了形像、三昧耶、法和羯磨等四種意義，所以我們稱此為四種曼荼羅。誠如文字所示，形像即表物均有其特定的形像。例如：松即是松，竹即是竹，所有的東西均有其獨特的形像。由形像上來看法界曼荼羅即謂形像的曼荼羅。而形像不外乎色彩與形。由於是即為地水火風空等五大之色與形，故一般就稱形像曼荼羅為大曼荼羅（乃五大色形的曼荼羅之意）。

其次，如前所述，三昧耶有平等與本誓二個意義，在此則以本誓的意義為主。本誓即是本來的誓言，亦謂本願。物本身的本來天然之性——具有使命，是即本誓。我想，這很容易了解地可以說是個性。當然，人類也是一樣的，每一個人都有其特異之相，這即是個性。人類以外的萬物同樣也擁有個性。就出現在宇宙曼荼羅中的三昧耶（本誓、個性）這一點來看，宇宙曼荼羅可以說是三昧耶曼荼羅（個性的曼荼羅）。

再者說到「法」。法即是真理，在此也可以看做是指「意義」。宇宙曼荼羅的相狀呈現出何種意義呢？我們看到東西而知道那樣東西是什麼，即表示我們知道了那樣東西的意義。如果由這層意義來看宇宙曼荼羅的話，即謂法（意義）曼荼羅。

最後提到的羯磨乃活動之意。如果就呈現在宇宙曼荼羅之相狀的羯磨（活動）來看的話，宇宙曼荼羅即是羯磨（活動）的曼荼羅。此處的羯磨並不是活動本身，而是指出現在曼荼羅相狀（形相）上的活動，是即「活動」的形相。「那個人活動的樣子」或「那匹馬奔馳的樣子」中之「樣子」則相當於現在所說的羯磨曼荼羅。「樣子」不是活動本身，其意恰如活動之相（形相）。如果將羯磨看做是表現在宇宙曼荼羅相狀（形相）上的活動之相，則宇宙曼荼羅會被視為羯磨的曼荼羅。

如前所述，宇宙曼荼羅的相狀有大（形像）、三昧耶（個性）、法（意義）和羯磨（活動）等四種。若分別來看的話，宇宙便可以看做是大曼荼羅、三昧耶曼荼羅、法曼荼羅和羯磨曼荼羅等四種曼荼羅。雖說是四種，但這四種並不能分開，因為它們是一體四面的。也就是說，它們是不可分離的。其意適如弘法大師所說之：「四種曼荼羅各不離」。

其次，我們則來談談宇宙法界的作用或機能。大體而言，可以將宇宙大自然的作用分成三個部分來講。亦即，①我們肉眼所見的一切之作用；②我們聽得見的聲音與聽不見的聲音合成的宇宙一切聲音；③包含火燃、水流、鳥飛、魚沈等法則在內，亦含括現代科學開發出來的法則及真理，甚至尚未開發出來的真理之宇宙一切真理與法則。在真言密教中，稱右列的①為大日如來的身密活動，②為大日如來的語密活動，③為大日如來的意密活動。如是，宇宙大自然即可說是大日如來的身語意活動。

在一般的人類社會中，身體的活動、語言的活動和意志的活動未必是統一的。相反的，身語意三者分開活動的情況倒是蠻多的。誠如「口是心非」、「只是動口，而凡事不付諸實行」等話語即表示在很多情況下，心中所想的，和實際說或做往往有很大的出入。一邊看電視，一邊讀書；或是一邊跟人聊天，一邊寫信，這些都是身語意未統一。人往往都是如此不一致。這時，由於人格呈現分裂、散漫的狀況，所以所為之事易流於粗糙，且自己也沒有充實感。相反的，有時亦能身語意三者完全統一活動。熱中於某事時，身語意三者便會吻合一致，而使人格活躍起來。如果我們真的認為某一個小孩好可愛，應該會一邊說一邊用手去摸摸他的頭，或是抱抱他。這即是心中認為他很可愛，即以口來表現，而說出「好可愛的小孩喔」，同時也想用手去抱抱他。這時，身語意三者便完全一致地活動，而使人格統一，全心投入了〈覺得這個小孩好可愛〉之事上。我們稱這樣的身語意一體狀態為純粹行。真言密教的專門用語則說是三昧（或三摩地）。當我們的身語意三者成為一體（即三昧）時，我們的生命才算是完全的生，我們的生命才算是真正的充實。

前述之宇宙大自然即是法身大日如來的身語意三活動。大日如來的活動可以說是任運無作無功用，亦即是不得不做的純粹行，所以身語意常統一活動的話，就不會有絲毫的分裂。『大日經』中針對此事說到：「超越三昧的如來之日，因加持之故，而成為身語意平等句的法門。」經文中的「如來之日」乃穿越過去、現在、未來三世，沒有稍微休息的持續說法之意。而今，現在的一瞬還兼具三世在內之意。如前所述，大日如來的說法是指身語意的所有活動而言，而大日如來的說法活動是貫徹三世，或在一瞬間超越三世的，所以其身語意三者經常被統一，而呈現出平等之狀態。如是，大日如來的說法，就時間上來說便是三世無礙；就意義上來說便是身語意平等之法門。三世無礙、身語意平等即是經文上所說的加持。弘法大師說：「三密加持速疾顯」。這段經文的直接意義是，我們真言密教的信徒若如佛之教義所言，手結印（身密）、口唱真言（語密）、心住三摩地（意密）的話，佛的三密便會和信徒的三密相應加持，而得以入證本來法然的大日如來之境界。凡是能夠加持感應、成就如來境界者，均是因為在本來法然之下，身語意的三密平等而加持涉入之故。

大日如來在體性上呈現出地水火風空識等六大，以創造發展萬物；在外觀的相貌上，則呈現大、三昧耶、法、羯磨等四種曼荼羅；在其作用上則以身語意三密活動，持續三世常恆的說法。

以下則說明一下為何要稱宇宙根本法身為大日如來的理由。大日如來的法體並不是太陽神，但大日如來的德用如太陽的作用一般，故稱之為「日」。另者，雖然大日如來的德用似太陽，但那也只是某一部份像而已。若就整體來比較的話，兩者實在是無庸比較，而高下自明。為了顯示大日如來勝過太陽，故在日之上冠以「大」字，而得「大日如來」之名號。亦即是將宇宙根本法身比喻成太陽，故稱其為大日如來。

二、何謂密教

密教與顯教

在前文中我已提及金剛頂經與大日經是真言密教的根本聖典，且金剛頂經與大日經被稱之為金胎兩部的大經。在此我將為各位說明真言密教中的「密教」究竟含有什麼意義。

也許大家會感到很納悶，為什麼要知道有關密教的事呢？其理由有二：第一，一般人都稱弘法大師空海上人所開立的宗門為真言宗，但是在『成田山的教化讀本』中則稱真言密教，到底真言宗與真言密教是不是一樣的呢？我們實有必要做深入地了解。另外還有一個理由是，以密教為名稱的宗教在印度、西藏、蒙古等地也有，然而這些密教與成田山的真言密教全然不同。但由於兩者容易混淆，而有造成大錯之虞，故亟須區別之。

任何一個宗祖在成立宗門之初，均會先進行教相判釋（或略稱為教判、判釋），以明確表示新開宗門的價值及優位，同時藉此來取得朝廷的許可。

在佛教中，印度及中國已有許多種教相判釋。而現今看來，尚有不少能夠勝過其價值與理論者。就日本而言，禪教的教判、淨土宗法然的聖淨二門之判釋、淨土真宗親鸞的二雙四重之教判等，都具有競相媲美之勢。

自佛教發祥於印度以來，在漫長的歷史中，出現過無以數計的教相判釋。而這些判釋僅是教理面的判釋，而非自佛身之上所做的判釋。只有弘法大師的教判是自佛身論上做成的教相判釋。

由弘法大師如此這般特立獨行的教判可以看出，大師的思想是深不可及、廣大無垠的。

接下來我就要跟各位談談弘法大師的教相判釋。大師的教相判釋是由橫的教判和豎的教判組成。橫的教判即是將據稱有八萬四千個法門的廣泛佛教，總括分成顯教和密教二教。故而，此亦謂為顯密二教的教判。

其次則是豎的教判。大師提出了流行於當時的思想、所有的教法，並將其與大師的理想範疇加以對照，而由淺的思想至深的思想，整理出十種階段的豎體系。此亦稱為十住心教判。在此我則僅就橫教判的顯密二教之判釋來加以說明。

大師在纂寫『弁顯密二教論』的文章時，在文章的開頭便寫下了這段話：

「夫佛有三身。教則有二種。定名為應化開說，即曰顯教。言顯略而適於一般人。法佛的談話則謂密藏。言語奧秘但直言實語。」

在此論文中所說的三身即是指法身、應身、化身，其與本文中所述及的佛身——法身、報身與應身，並不能說是完全相同的。也就是說，兩者之間有若干不同之處。其中最重要的是法身與其他二身的不同處。如前所述，法身的說法雖然有對象，但是，祂並不是為了對方而說；反之，法身是猶如沒有任何對象、沒有任何目的，而自己自由地在說法。我們稱此為自受法樂，即是自己接受法樂之意，亦即說法者自己享受自己的說法。是謂法身自己獨自說法，且自己獨自享受自己的說法。

舉一個例子來說吧！某一音樂造詣頗高的業餘音樂家，自己獨自吹奏樂器，並全心投入於悠揚的弦律中自得其樂，是謂之。相對地，報應與應化二身則有聽說法的對象，且說法者必須考慮對方的能力與素質，而適切地說法，故而報應與應化二身的說法被稱之為方便說。

現在我們就一起來看看前述的『弁顯密二教論』吧！同時也讓我們共同來吟味其中的意義。

〈佛有法身、應身和化身等三身。其中，法身說的教為密教。法身完全沒有摻雜任何方法或手段，而直截了當地將法身本身的內證說出。故而，我們亦稱其為真實教；相對地，應身與化身所說的教便是顯教。因為這是會考慮對方能力、素質，而採用不同方式來說的教，故而又被稱為方式教，此乃淺薄之教。〉

大師所說的密教是指法身的直說，這是非常明顯的。最近由於密教十分流行，所以有許多相關的說法。在現代的學者，尤其是佛教的學者中，有人說：「舉行秘密儀式的就叫做密教」，還有人說：「讀誦咒文，祈禱攘災招福的宗教即是密教」。其中甚至還有人認為密教是在演出超人的奇蹟。但大師所開立的真言密教並不是這樣的，它是法身佛所說的純粹教，亦即真實教。

由於大師是以簡明易懂的方式說出密教的意義，所以我得以將釋文之意整理如下：

「顯教之義實乃重重。若以淺望深，深則是秘密，而淺則是顯。因此，印度的婆羅門教中，有「秘密教」之名。佛說之教法中有重重之顯密。若將小乘教視為婆羅門外道之教，則外道即是顯教，而小乘即成了密教。若比較佛教中的大乘與小乘，則小乘是顯教，大乘是密教。」

此外，若將並說聲聞、緣覺、菩薩的三乘教與一佛乘做個比較，則三乘教是顯教，一佛乘是密教。再者，若比較法身佛說法與應化身佛說法，則法身所說的是密教，應化所說的是顯教。如是，密教之語便含有無限之意義、現在空海所言之密教乃是指法身如來的自內證（內心的開悟、純粹生命）。

象徵的意義

即使同樣是秘密，有的秘密藉由言語的說明可以讓人理解，有的則不是。如果是商品的暗號，一經說明後任何人都能理解，但是關於特殊製品的製作方式單單只是聽說明恐怕無法了解。若是藝術作品的話，更遑論之。微妙之處非言語所能描述。即使長期修行，若沒有以己身來記憶要訣，則無法成為專門者。這個要訣便是秘密。

宗教亦如是。修行多能有所體認。對沒有體驗的人而言，因為無法理解，故為秘密。在日常生活中，低頭打招呼、嘴巴唸著「謝謝」時，會心存感激。身、口、意匯合時，心思即能被人了解。不付諸於形，則沒有行為，也沒有生活。

但是，形的本身是沒有意義的。做體操時低下頭來的動作可以表現感謝之意。但是，把感謝的讀音「ㄍㄢˇ ㄒㄧㄝˋ」一一拼出來的話，就沒有什麼意思了。只有在接連這些發音後拼出國字，才能表現感謝之意。以形或音來表現意義者即謂象徵。

宗教有許多象徵。如果沒有象徵的話，就構不成宗教。合掌、拍手、低頭、跪下等身體的動作，以及口中唸著「阿門」、「南無阿彌陀佛」等均是象徵。十字架、佛像、燒香、獻花等亦均為象徵。所有的宗教均藉由象徵來表現無法示之於形的東西，在這一個共通點上所有的宗教亦如密教一般。佛教中的密教乃是將象徵的表現視為組織的體系，而由理論與實際雙方面來完成的。因此，所有的宗教最初都擁有成為密教的本質。若沒有此一特點，就不是宗教。密教尤其強調此點。

眾生秘密與如來秘密

人類的本性中，具有得以認識最高真理——佛陀的悟道——之能力。但是，大多數的情況是能力隱沒，而當事人也沒有注意到。由於一般的教義並非一蹴可及，所以，需要循序漸進才能慢慢地提昇認識的層次，這就是顯教。因為一般的人（眾生）自己並不了解自身存在真理，故將此定名為「眾生秘密」。

佛陀已經了悟了最高的真理，但是佛陀會視對方「對機」的能力與目的而適切地說法，這就是「應機說法」。由於這層道理猶如必須對症下藥一般，故又謂之「應病施藥」。佛陀並沒有將其自身所了悟的內容原原本本地說出來。由於佛陀內在的體驗（自內證）是「如來秘密」，故而不說；即使說了，眾生也不會了解，甚至還有可能會誤解，如此反而害了對方。猶如將利刃、猛烈的毒藥拿給無知者，反而會為其招致大災禍一般，不如將其藏起來。

密教的秘密有二，其一是眾生秘密，其二是如來秘密。從顯教的立場上看來，說被認為是秘密的事情者為密教。而如前所述，密教經常用象徵來說法。象徵是藉由形態（色和形）、音聲來表現的。根本說來，所有的自然現象、生物的生活均是法身佛——毗盧遮那佛陀——的說法。但是，大多數的人不能理解大自然的說法。在此即用象徵來解說密教。

比方說，合十指結印契（印相）、口唸真言（咒、陀羅尼）、意念本尊。此謂身口意三業，亦謂三密。因藉此象徵的行為得以體驗眾生秘密＝如來秘密。

釋迦牟尼和密教

在人類的歷史中，以人身出現在世間的佛陀只有釋迦牟尼（紀元前大約五六〇～四八〇年）一人。據經典所載，在過去、現在，甚至未來，於他方的佛國土上有許多的佛陀，但是，我們並不能確定這是經驗的事實。釋迦牟尼在四十五年的說法活動中，是否有說密教呢？

釋迦牟尼被尊稱為「人類和神明的教師」（人、天之師）。屬於經典中最古層的『素怛覽經典』、『相應部經』（尤其是最早的一篇）收錄著其與神祇的對話；『長阿含經』、『長部經典』中的『大會經』很明顯地是密教經典。

此外，釋迦牟尼在進行宗教活動的初期，曾使迦葉三兄弟與其弟子千人改宗而成為他的弟子，這是因為祂比他們神通廣大；此外，在修拉威斯提鎮，其亦享有盛名，那是因為祂以神通之力打敗了其他的宗教家們；當惡疫流行於毗舍離鎮時，釋迦牟尼曾撒聖水、唸經文，而解救了這個鎮。釋迦牟尼的教團允許唸除蛇的咒文，及在打噴嚏時唸「長壽」之民俗。此外，在教團的活動中，咒術未必會被禁止。但卻嚴格禁止以咒術、占術等為職業，並收取報酬者。

釋迦牟尼依對象、場所之不同，而分別說出最適切的事，並將對方的經驗與知識活用於說法中。因此，世間的通念——比方說：咒法、民俗信仰——在與最高目的——解脫——不相違背的限度之下，亦無礙其採用。神、魔與人、動物是同樣實在的，而咒文的言語亦如日常會話一般，乃是言語。釋迦牟尼的佛教沒有密教，這是錯誤的說法。沒有解說那是有組織的密教，乃是因為當時無此必要。

佛陀觀的變遷

釋迦牟尼本身也曾說過：「佛陀即是法身（真理的具現者）」。在其圓寂之後，他的信徒中有一部分的人因思慕其遺德而巡禮佛跡、祭拜舍利（遺骨），並興建塔來祭拜供養。另外有一部分的信徒則思念超越時空、永恆不滅的佛陀本體

——法身，而深深地思索法身。

依據後者的想法，佛陀的本體乃是不生不滅，超越所有的思考而絕對實在的，亦是將所有的存在包含在其中的宇宙精神本身。我們將此定名為法身——萬物之理法本身即是佛陀。

法身佛以各種形相出現，這即是現身佛。釋迦牟尼也是一位現身佛。過去、現在、未來的無數世界中均各有現身佛出現。所有現身佛的本體即是獨一無二的法身佛。上述的內容已於前文中提及，這即是存在於大乘佛教根柢的佛身觀。

華嚴經的毗盧遮那佛

『華嚴經』乃是許多大乘經典中具有代表性之一者。漢譯的『華嚴經』有六十卷本和八十卷本。此外還有只譯其中的『入法界品』之四十卷本。另外還有西藏語譯本。除了梵語原典——「十地品」、「入法界品」之外，現在還存有若干的斷片。

『華嚴經』中明示釋迦牟尼佛陀本體即是法身佛。法身佛被定名為毗盧遮那佛陀。毗盧遮那佛變成釋迦牟尼等許多佛陀，並出現在許多的世界上。奈良東大寺的大佛具體表示出『華嚴經』的思想，其以毗盧遮那佛為中心，在台座等上雕刻出無數的佛陀。

毗盧遮那佛陀是宇宙的象徵。宇宙是唯一無二、絕對存在的、絕對的精神者。同時，其又以多種多樣的樣態顯現出來。一為多，而多為一。人類在此本質上，亦無外乎宇宙精神。『華嚴經』即是奠基於如是的一元論性觀念論哲學上。同時，經文中亦述及美與調和的世界。『華嚴經』的哲學、藝術，尤其是宗教，對於日本國民思想之影響是無法估算的。東大寺大佛即是其代表。

但是，『華嚴經』的毗盧遮那佛陀開口不說法。法身佛永遠保持沈默嗎？能解開這個問題、在日本佛教史上展開新局面、更加豐富了國民信仰生活的是弘法大師空海。

大日經的發現

弘法大師空海二十歲時出家學佛、修行。當時他曾祈禱：「我依循佛法追尋要領，但是閱讀了三乘、十二部經之後，仍心存疑竇。願三世十方的諸佛能賜我唯一不二的迷津之解。」結果，在夢中得知了『大毗盧遮那經』（大日經），並在大和高市的久米寺中發現了這部經典。這才是至高至上的教意。在弘法大師致力於研究，為解明其內涵而留學中國（時值唐朝）後，返國創立了真言宗。

根據某一文獻記載，他是在東大寺佛殿中祈禱的。而在此之前，他已學習過『華嚴經』。弘法大師不以閱讀了『華嚴經』為滿足，而欲追求更上一層樓的經典，結果他得到了『大日經』，這代表著什麼意思呢？

華嚴經和大日經之差異

大體而言顯教的經典是由釋迦牟尼說法的，但是，『華嚴經』的教主不是釋迦牟尼，而是毗盧遮那佛陀。『大日經』的教主也是毗盧遮那佛陀，在這部經典中法身佛首次說法。這即是『華嚴經』與『大日經』最大的差別。

此外，在『華嚴經』中，有許多的比喻與象徵，且以「虛空」、「海」、「光明」等概念來譬喻無限、永恆者。在『大日經』中，身、口、意三密是具體而示的象徵，在護摩等儀式中，絕對者會顯現出來。法身佛化為三種輪身之相而直接與眾生接觸。教令輪身是三種法輪之一，而不動明王即是教令輪身。

三、不動明王的本體

三種輪身

不動明王與大日如來是一身同體。而大日如來即是毗盧遮那佛及全宇宙的象徵。歷史上的人物——釋迦牟尼、西方極樂淨土的阿彌陀佛、其他的所有佛陀均包含在毗盧遮那佛中。我們人類實際上也就是毗盧遮那佛，只不過因為沒有開悟，所以落為凡夫俗人之身。在宇宙中，沒有一樣東西不屬於毗盧遮那佛。

人類無法想像包容萬物的毗盧遮那佛之姿，而毗盧遮那佛本身超越了所有的形態與思想。但是，由於毗盧遮那佛以慈悲為本願，所以祂以人類的眼睛也能看到的形相顯現出來。祂具有圓滿的臉色，為金剛界和胎藏界的大日如來。

但是，大日如來是極為崇高的佛陀，我們人類很難接近祂，故而其以菩薩之相顯現出來。菩薩和佛陀是一樣的，不過，其如我們一般有六道輪迴，有苦與樂。大日如來以般若菩薩之相顯現出來。菩薩具有柔和的容貌，富有慈悲心。當我們迷失時，大多無法獲其解救。因為其煩惱多，且倔強。是此毗盧遮那佛比菩薩更強而有力，而顯示出嚴厲之相。此為明王。我們將其稱為不動明王。

不動明王的本體是毗盧遮那佛、亦即是已完全開悟的完美佛陀。然而，祂為了解救眾生，而化為奴僕之身，並採取無論發生什麼事情都會立刻有所行動的姿勢。大日如來是自性輪身（本體）、般若菩薩是正法輪身（說法之姿）、不動明王是教令輪身（實行如來教義之相）。是謂三種輪身。

因此，就其本體而言，不動明王乃是最高的存在者（也可以說是最高神），但其形相是卑俗的。其內藏高貴的性格，但外在為粗野之形。不動明王超越了職業、身分、教養、興趣、意向，而成為萬人信仰的對象，即是基於此因。

大日如來位於中央，而其四周分別供奉著——東：阿閦；南：寶生；西：無量壽（阿彌陀）；北：不空成就等四如來。各如來均為自性輪身，而相對的還有正法輪身的四菩薩和教令輪身的四大明王。我們將此總稱為五佛、五菩薩、五大明王。其名稱依不同傳說而有部分異同之處。但這些傳說均有一共通之處，即中央的大日如來——般若菩薩——不動明王乃為根本所在。

此三種輪身之說載於不空三藏的『仁王護國般若儀軌』、弘法大師的『秘藏記』等中，而其源自『大日經』。

大日經的傳入

『大日經』的正名為『大毗盧遮那成佛神變加持經』。現在除了有漢譯七卷本之外，另外還有藏語譯本。大體而言，其內容相同，但是在章節的安排上多少有些出入。梵語已散佚，至今尚未尋獲。

玄奘三藏在六四五年完成了十六年的印度之旅後，回到長安便立刻展開了佛典的漢譯工作。歷經十九年直至其圓寂，他一共譯出了七十五部、一三三卷的經典。其中屬於密教的經典只譯出區區的幾部而已，同時這些譯出的經文也都是短篇的。但是，玄奘滯留印度期間，當地正在盛行密教，而玄奘只專心一意於他自己所要追求的東西——主要是唯識關係，所以沒有騰空接觸密教。

六五二年，印度人阿地瞿多攜帶梵語原典來到長安。他在長安築壇、行灌頂，並被延請翻譯出『陀羅尼集經』十三卷（但缺第四卷）。在此經文中有提及諸尊的供養，但沒有出現大日如來和不動明王。

六五五年，印度人普紐達亞帶了佛典的膳本一五〇〇部來到長安。此人精通小乘、大乘、密教及婆羅門教。但在玄奘的妨害之下，他因無所事事而離開了中國，自此他所帶來的膳本也散佚了，這些膳本中有許多密教的經典。

其後，義淨在六七一年赴印度，而於六九五年回到洛陽。他在該地看到了密教的隆盛，於是想在那爛陀學習密教經典（持明藏）。但是，由於他此行原本的目的是在學習律藏，所以便斷了學習密教的念頭。此外，根據義淨的報告，不只是印度，甚至在印尼，密教均很盛行。此一說法經由當地所發現的考古學資料亦可得到證實。

義淨在六八五年，於那爛陀僧院中遇見了名為無行的一位中國僧侶。無行經由南海，至諸地學習之後，來到那爛陀廣泛研究大小乘。義淨遇到無行時，無行是五十六歲。其後，無行在返回中國途中，在北印度圓寂。他所蒐集的膳本則被送抵長安，其中還有『大日經』的原典。七二五年，善無畏在長安譯出的『大日經』七卷即是以無行本為底本，這就是現行的『大日經』。

由此可見，『大日經』在七世紀後半即於那爛陀僧院中為人所閱讀。那爛陀是印度佛教教學的中心。在最盛期，共有一萬名僧徒居住在此；還有許多從外國來此留學的；在歷史上留名的學僧也很多。因此，在此僧院中閱讀『大日經』即意味著此經典在印度佛教界中已受到相當的重視。『大日經』的出現在印度密教史上是極為重要的。『華嚴經』的教主——毗盧遮那佛陀在『大日經』中以密教教主的身份親自說教理，並築壇、供養諸尊，自己教以儀式之法式。自三世紀左右，支謙、竺法護便傳入了斷片的密教；六世紀，漢譯了有關陀羅尼、印契、畫像、作壇、火爐等許多的密教經典，但是『大日經』才是第一部有組織性地說明教理與儀式的經典。這部經典的出現具有極其重大的意義。而其以佛教的最高學府——那爛陀為背景，亦是非常受注目的。

不空羂索神變真言經

在菩提流志譯（七〇九年）的『不空羂索神變真言經』第九卷（大正藏二〇・二七一中）記載著一段有關不動尊的內容——

「北面西邊算來第一位是不動使者，其左手持羂索，右手拿劍，結跏趺坐。」

如後所述，不動使者即是不動尊的異名。而左手持羂索、右手拿劍、結跏趺坐乃是不動尊的典型之相。

毗盧遮那如來出現在『不空羂索經』，而以執金剛秘密主之身份說法。其與『大日經』有許多相似之處。此外，祂也說築壇、修護摩之法等等。這部經典的第二十二卷（三四六中）記載著五佛的位置分別是：中央——毗盧遮那如來；東面——阿閦如來；南面——寶生如來；西面——觀自在王如來；北面——不空成就如來。由於觀自在王即是無量壽（阿彌陀）之異名，所以，此處的五佛相當於金剛界的五佛。

如視此經典為完成期的密教經典，恐怕有許多問題，但在此應注意：經文中出現了不動使者。可是，此處的不動使者並未與毗盧遮那佛明顯地連結在一起。

這部經文中也說到了不空大忿怒主、明王等，但和不動尊好像沒有直接的關係。

大日經和不動尊

在『大日經』中曾出現過十多次不動尊的名字。在其他的經典中，也出現過不動尊，但是『大日經』的出現更有組織地顯示出密教。以下即記述『大日經』中所載的不動尊。

在『大日經』中，大體而言都用「不動尊」或「無動尊」。西藏語謂之 Mi g'yo mgon po「密、悠、根、波」；梵語謂之 Acalanātha「阿珈拉＝那達」。Acala 乃「不動」或「不動之物」的意思，而 nātha 為「救護、守護者、支配者、守護本尊」之意，是故 Acalanātha 可以解釋為「不動的守護者」或「不動之物的守護者」。

實際上這兩個意思都很常用，但是由於其原來為崇拜的對象，應是永久的固有名詞，故而不採字義較好。若就其起源來思考的話，由於在印度 Acala 乃「不動之物」，亦即「山」之意，所以不動尊原本是山的守護神。而此處的山並不是個別的山，而是指如喜馬拉雅山一般永久不變的大自然。不動尊是支配者，亦是守護者。不動尊的尊像結跏趺坐磐石之上，由此即可推知其與山的關係。

由於不動尊是名稱，所以，不能任意地省略尊這個字。但在「不動咒」、「不動印」中，省略尊這個字反而比較好。稱其為「不動尊」、「無動尊」、「不動主」等均可；在此名稱之上冠以「聖」字，亦即稱其為「聖不動尊」或「聖者不動尊」也可以。

在『大日經』的漢譯本中還出現了另外幾個名稱。而大多都是在韻文中為考慮詩句構成之必要性，才分別採用了這些名稱。在『大日經具緣品』中有「不動大名」之名。梵語的「大名」或「大名稱」乃「名聲很高」之意，故而「不動大名」即「不動之名聲很高」之意。不過，就西藏語譯方面看來，其原語應是「阿珈拉＝瑪哈得曼」。「瑪哈得曼」乃「大我」之意，其引申為「尊貴、偉大」解。所以「不動尊」亦可稱之為「不動大我」，至少西藏語譯本是那樣的。是漢譯本的「不動大名」與原典不同呢?或是漢字的筆誤呢?至今已無法斷定。但是，在韻文的制約上，只用「不動尊」的同義語，並非其有異名。

同樣地，在『大日經具緣品』中還有「不動如來使」。在『大日經』中只用此名，但是，在其他的經典中另有「不動使者」、「聖者無動使」之語，其意味著「大日如來的使者——身為教令輪身的不動尊」。但由於在西藏語譯的『大日經』中只有「不動」之名，沒有「如來使」之語，所以很有可能是漢譯者自行添筆的。如果是這樣的話，在『大日經』的原典中並沒有「不動如來使」之例。

其次，在『大日經息障品』中有「不動摩訶薩」。根據西藏語譯本，「依據真言，念菩提心，意唱不動」，故而原文中是否有「不動摩訶薩」，尚是一個問號。由於這個稱號在其他的文獻上找不到，所以應該暫時保留。

在『大日經息障品』有「真言大猛不動大力者」的語句。從西藏語本看來，應解為：「對不動而言，大力真言具有猛暴之性」，所以漢譯本也應讀做「真言為大猛、不動、大力之物」吧！不動尊的異名為「真言大猛不動大力者」之例也在其他經典中找不到。

其次則可以在『大日經普通真言藏品』中看到「大摧障聖者不動王」的名字。但是實際上這也不是不動尊的異名。為了加以說明這一點，以下即根據漢譯其前後文來顯示其意。

「薄伽梵為息一切障，而住火生三昧，說大摧障聖者不動主之真言，南麼三曼多伐折囉赧……（中略）……許怛囉迦悍漫。」

這裡所說到的真言即是前面所提過的慈救咒。

同樣的經文，西藏語譯的結果是：

「再者，薄伽梵毗盧遮那為平息一切之障，而住在命名為火生的三昧，並說摧大障的此一真言。namah samanta-vajrānām ……（中略）…… hūm trat hām mām。變成聖者不動尊。」

這麼說漢譯的「大摧障」也不是「聖者不動王」，而是修飾「真言」的形容詞。就如同前述的「大猛」、「大力」一樣，結果是不動尊之德。這麼一來便沒有理由說，這些語句即是指不動尊的異名。

西藏語本中的「聖者不動」，在漢譯本中可能是「聖者不動主」。在此情況下，「不動主」即是「不動尊」，而原語為「阿珈拉＝那達」（以前的辭典上誤記為「聖者不動王」）。

要言之，在『大日經』中分別有「不動尊」、「無動尊」、「不動主」的名稱，而其原語均為「阿珈拉＝那達」。如果在這些名稱之上冠「聖」這個字，也是一樣的。此外，也有礙於韻文的制約，也有省略「尊」這個字的時候。

不動明王的名稱

在『大日經』中找不到「不動」與「明王」的例子。但是，在解釋『大日經息障品』的『大日經疏』第九卷中，對於「不動明王」有加以說明，善無畏三藏亦如是說。由於以前一說到「不動尊」即是指明王，所以沒有必要加上「明王」；但是，在『大日經』中，無論「不動尊」或「降三世」都沒有冠上「明王」之例，所以，在日後研究時應加以注意。但是，「明王」之語在『大日經』中被用於其他的關係上。

由於在不空三藏譯的『底哩三昧耶不動尊聖者念誦秘密法』卷上可以看到「不動明王」、「不動尊明王」、「無動明王」之例，所以不空三藏所傳也是如此。有關明王之敘述，容後在他項中說明。

威怒王

「明王」的同義名稱「（大）忿怒王」、「（大）威怒金剛」也經常在經典中出現。漢譯、西藏語譯的現存經典題名中亦有之。「威怒」、「忿怒」之原語相同，其均為「克洛答」（krodha），因為教令輪身具有恐怖的形相。『金剛手光明灌頂經最勝立印聖無動尊大威怒王念誦儀軌法品』（略稱『立印軌』）及『底哩三昧耶不動尊威怒王使者念誦法』（略稱『一卷本底哩經』）均是不空三藏翻譯的。「威怒王」、「忿怒王」、「瞋怒王」亦被當作不動尊以外的明王，諸如：降三世、大威德、閻曼德迦、金剛夜叉等之稱號來使用。在印度，也許其比「明王」更常為一般人所使用。但是，很明顯地，「明王」亦被廣泛使用。因為這具有歷史的意義，所以，關於此語還會在下文中考察之。

關於明王

密教將參拜的對象分類為佛陀、菩薩、明王、天部。其中，天部包括了印度吠陀聖典中的古神、印度教及民間信仰的眾神、神靈與魔怪等；中國的神祇與日本的神祇亦可包含在其中。佛陀與菩薩已廣為人知。而明王在佛教中僅限於密教經典中提及，而且，密教經典中未必只說明王。傳入東亞的密教，習慣將所有的教令輪身稱之為明王。

包括不動尊在內，降三世、軍荼利、大威德、金剛夜叉即是所謂的五大明王。其或個別、或整體，已成為了眾生參拜的對象。胎藏界曼荼羅持明院中繪有不動尊、降三世、大威德、勝三世等四大明王，而般若菩薩位於中央。勝三世之起源與降三世相同。

此外，烏芻沙麼明王掌管不淨，大元帥明王象徵荒野的野性，故而在日本被視為強有力的明王，而為人所參拜。這些大概都是依據印度民間信仰吧！愛染明王是愛欲的象徵，其手持弓的模樣與歐洲的愛神相似。

孔雀明王亦被描繪在胎藏界曼荼羅中，在日本也廣為人民所信仰。記述著孔雀明王的經典——『佛母大孔雀明王經』（有數本不同的譯本）之原典至今仍保存著，但在此經典中指出「明王」是女性形（vidyā-rājñī），而把「明妃」譯成「佛母……明王。」「明妃」乃是陀羅尼的別名，因為此語是女性名詞，所以叫做「明妃」。後來則把原本的陀羅尼之名擬人化為「孔雀明王」。漢譯的「佛母」，其原語是女性名詞。

男性形的「明王」也是一樣的。由於「明」（vidyā）乃是咒文，所以，一說到「明王」，即表示其為「掌管咒文的王者」，亦可解為「咒文中之王」、「出色的咒文」之意。前文所列舉的五大明王乃是王者，而明王之語也可解釋為咒文。

明的意義

「明」乃是 vidyā 的譯語。其原語乃是「知識」，尤其是「宗教的知識」、對人類生活有所助益的知識，如：「醫學、醫術」和「咒術、咒文」。這些知識得以消滅人類的不幸，增進人類的幸福。原語並非「明亮」或「光明」之意。

學習到「明」的人，即謂「持明者」（vidyādhara）。在前文中我已敘述過，在胎藏界曼荼羅中，把包括不動尊在內的四明王和般若菩薩所屬的場所定名為「持明院」。亦即，其為「持明者」。

在印度，無論是佛教、耆那教或婆羅門教均有提及持明者。關於持明者的說法有二：其一是，他是人類社會的賢者，其擅於醫術與咒術。其特色是知道「明」

（＝咒文）；另一是，他是人類以外的一種妖精，而且其有男女之別，能夠自由自在地在空中翱翔、隱形，為惡也為善。有關他的故事，還分別出現在佛教的故事集、耆那教與婆羅門教的文學之中。這是印度的民間信仰。後者所謂的持明者住在伽國，並由那兒走向人類社會。這些持明者之首為「持明者之王」，亦即「明王」。婆羅門教的毗紐（visnu）神也被稱為明王。

在了解了以印度一般宗教思想為背景的事情之後，大概就很容易明白明王的性格了吧！明王是活用咒文（真言）、接受偉大者（＝神）的意志、消滅人類的不幸、增進幸福的超自然存在者。佛教自釋迦牟尼在世起，即活用民眾的能力與意向，而指導民眾們走向解脫之路。所以，也盡可能地採用、利用了一般大眾的信仰。密教獨自的明王信仰亦為其中的一個例子。

而且密教並不是原原本本地模倣一般的民間信仰，而是參照佛教的，乃至密教的人生觀、世界觀，亦即是全然一新的。認為密教是模倣印度教而來的，乃是一種膚淺的見解。在明王信仰中，將民間信仰的素材活用於佛教，乃是深具意義的。印度教中並沒有相當於佛教明王的。況且，視不動尊與大自在天為同一種神祇者，簡直就是自暴其對印度宗教無知之短。

四、『大日經』中的不動尊——

不動尊的形態

為人所參拜的對象在內在的意義上有其重要性。根據密教的教義，顯現於外的形態之重要性不下於內在。因為外在及內在原本就是不可分的一體兩面。此外，由於不假借形態便很難理解內在的意義，所以，應閱讀『大日經入漫荼羅具緣真言品』（西藏語本『曼荼羅建立的真言之藏』）本文中所載有關不動尊的尊形——形態——之記述。此經典與其他聖典的異同，我們在此暫不考慮。而於此依從漢譯『大日經』的本文，並參照西藏語譯文來考究之。

「具緣品」中記述著，阿闍梨為他認為有能力的弟子築壇（曼荼羅），並在那兒說明曼荼羅的諸尊之尊形，且教之實際的供養。他在印度，於戶外清理土地而築壇。他並沒有為尊像一一塑形，而是將其形相表現於觀念上。在中央設定大日如來（真言主），其四周為四大明王，而阿闍梨便一一向學生們說明諸尊。其中，漢譯文載有一段有關不動尊的述文——

「在真言主之下、涅哩底之方、

不動如來使、充滿了童子形、
持慧刀與羂索、頂髮垂左肩、
一日諦觀、威怒而身附猛焰、
安住磐石上、面門有水波之相。」

其次是西藏語本所載——

「在真言主的下方、西南方的方位、
有位名為「不動」者、手裡緊握著刀與羂索、
鬢髮垂至頭頂的左邊、威嚴而斜著一眼、
住在自身的火焰中、忿怒地坐在岩上、
臉上有著顰蹙的皺紋、為童子形、強健且謙虛。」

「真言主」即是指大日如來。而不動尊是被安置在其下方——西南方的方位上。（接下來，右邊的引用文是這樣寫的：「具慧者＝阿闍梨被如是描繪出來後……」。此處的「具慧者」，以往被視為不動尊，乃是錯誤的。）

關於「不動如來使」＝「有不動之名者」之事，已於前文中說明過了。

關於「童子形」這一點，兩本譯文的說法倒是一致。只是，漢譯為「充滿」，西藏語譯為「強健、謙虛」，而有點差異。

不動尊所持之物為「羂索」，關於這點兩本譯文的說法一致。而漢譯的「慧刀」，西藏語譯為「刀」，兩者意思相同。

「頂髮垂左肩」與「鬟髮垂至頭頂的左邊」，兩譯文之差只在有無「肩」這個字，所以大體而言是一樣的。

「一目諦觀」與「威嚴而斜著一眼」乃是有問題的部分。一行的『大日經疏』第五卷中記述著「微閉左眼」，其下文記述著「以一眼視之」。此外，佛陀俱希耶的『大日經釋』中亦引用經文為「閉一眼」。故而有閉左眼與斜視等兩種說法。至於其差異之理由所在，注釋家們的說法亦莫衷一是。總之，閉一眼的尊像實際上——在日本或西藏——均是指看不見的意思。

「威怒」、「忿怒」是一樣的，是謂尊像的整體容貌。

「身附猛焰」、「住在自身的火焰中」也是一樣的。

「安住磐石上」、「坐在岩上」也是一樣的意思。

一行的疏，將「面門有水波之相」的漢譯『大日經』之文，解釋為「額上有皺紋，如水相」；而西藏語的經有「顰蹙之皺」，沒有「水波、水相」之語。『大日經具緣品』中所載的不動尊尊形，即如上所述。

不動明王坐像

以下所要介紹的『大日經釋』著者佛陀俱希耶是北印度人，其活躍於八世紀（大約和不空三藏為同一時代的人）。他除了著有這部『經釋』之外，還著有『大日經圓集要義』。這些著作的西藏語譯本留存至今。

佛陀俱希耶的大日經釋

佛陀俱希耶的『大日經釋』有西藏大藏經提魯蓋版二本（東北大學目錄二六六三，實際上有二本）、北京版二本（鈴木財團目錄三四八七和三四九〇）。由於內容大同小異，所以於此總括述之。

這本『經釋』揭露了右譯『大日經』的本文，並將其做了如下的注釋——「本文中，大日世尊說，在轉變為平等性智的無間道——世尊下方描繪聖不動尊之詳細情形。」

平等性智是佛陀的五智之一，即是平等無差別地觀察芸芸眾生之認識。無間道則是切斷煩惱前的過程。根據此說，不動尊所顯現出來的形相乃是欲切斷煩惱前的形相。

「『手握刀』即是切斷所知和煩惱之障的慧相。」

芸芸眾生之所以不能成為佛陀，是因為有煩惱障、所知障二種障礙。煩惱障即是我們本身行為之錯誤——道德的缺陷；所知障即是客觀認識之錯誤。不動明王手中所握的刀即是切斷這兩者的智慧之刀。

「『羂索』即是道相。其可引導至此道。」

羂索如牧童拿的套繩，其是拉回偏道家畜的一種工具。在此所說的道是無間道。

「『斜一眼』乃因無間道的自性之故，無法究明法界之一切、圓滿平等性智之相。」

如上所述，另有『閉一眼』之說。在佛陀的五智中，法智界（亦謂法界體性智）乃是總括萬物之認識。而不動尊示以切斷所有煩惱以前之無間道，完成平等無差別觀察一生之平等性智。根據這個注釋，『一眼』意味著完全認識的前一步，其含有平等而視眾生之意。關於這點，我們容後再予討論。

「『住在自身的火焰之中』乃具有遮遣障礙之智的意思。」

如上所述，另有「住在火焰的旋繞之中」的說法。「障礙」如前所述，即指煩惱障和所知障。

後文的「忿怒地坐在岩上，臉上有著顰蹙的皺紋」，佛陀俱希耶只將其揭露在經文中，而沒有加上注釋。

「強健、謙虛」，佛陀俱希耶解釋為：「不顛倒、欲圓滿成就道的自性堅定不移」。其中的一本缺少「謙虛」之語。

「所謂『童子形』即是初入無間道，而尚未通曉道之相。是故，將通曉無間道之相的降三世安置在風方。」

如前所述，阿闍梨在土壇之上指引弟子，並告知其諸尊所在的位置。不動尊位於大日如來的西南方，並在此進入無間道。由於其剛入無間道，所以本尊——不動尊為童子形，後來則又繞到西北方（風方），在降三世的左右完成了無間道。

一行的大日經疏

『大毗盧遮那成佛經疏』（『大日經疏』）二十卷，乃是一行筆錄善無畏的講義而纂成的（還有再治本『大日經義釋』十四卷）。『經疏』被視為理解『大日經』的唯一方針，而在『經疏』上還添加了經文中沒有的項目。以下即列舉出全文，以便各位考究之——

「在其下位、於湼哩底之方、描繪不動明王——如來的使者、作童子形。
右持大慧刀、左拿羂索。
頂有莎髻、屈髮垂至左肩。
微閉左眼。
以下方之齒咬住右邊上唇、左邊下方的唇微向外翻。
額頭有皺紋、其如水波狀。
坐在石上。
其身卑微、肥滿、具忿怒之勢。極忿之形乃是密印標幟之相。」

以上的述文大抵而言重複說了一次經文的內容，但其中還略加一、二新的述文（其將「大慧刀」誤讀為「大慧刀印」）。齒和唇的述文『大日經』中並沒有，可是也曾出現在其他的聖典中。所謂「密印的標幟之相」如後所述，乃是將原來的誓願（為僮僕，侍奉大日如來）表現於有形。『大日經疏』更詳細地說明了此事：

「此尊在大日的華台上久而成佛，其為實現三昧耶的本誓願，而顯現出初發大心、諸相不備之形，為如來之僮僕，供其使役而執行諸務。」

不動尊自許久以前，即在胎藏界曼荼羅的中台八葉院之大日座上——大日如來——已成佛陀。由於祂在初有大菩提心時，曾發過誓：「在我成為佛陀之後，我還是要保持現在般不完美的卑微形相，做如來的奴僕，以為瑣事。」故而，在祂成為佛陀後，遵從自己的約定（三昧耶）而顯示出童子形，做為如來——或修法的行者——之奴僕。

「持利刃、拿羂索，乃是奉如來的忿怒之命，而殺害芸芸眾生。」

至於「殺害」之意，我將在後面再為大家說明。

「羂索是菩提心中的四攝手段。以此來執縶。」

所謂四攝事即是指布施（物心兩面的贈物）、愛語（親切的話語）、利行（有益的行為）、同事（設身處地的幫助對方），亦是指導眾生的手段。用謂為四攝事的羂索來捕抓眾生，並指導其走向佛道。

「遇到不降伏者，則以銳利的慧刀，切斷其業壽的無窮之命，使其得以生在大空。」

意即，面對不聽大日如來諄諄訓誨者，則以智慧之刀殺之，以切斷其迷執的生命，使其得以再生於自由的境地中。眾生因前世所造的業而重生於下一個生涯中，且永遠反覆輪迴。因此，藉由智慧之刀切斷輪迴的根源，得以使眾生覺悟到萬物是空性——沒有固定形相——之偉大真理。

「如果沒有革除業壽之種因，說什麼也都無益，故而三緘其口。」

由於若要除去業壽之種因，必須完全沒有空虛、無用的議論，所以不動尊緘口不言。關於不動尊閉口之事並非記載於『大日經』中，但是，在其他的聖典中有這段述文：

「以一眼視之的意思是，如來以平等之心看一切眾生而確定沒有一個是可以寬恕者。是故，其所為之一切事業均為一事之因緣。」

以一眼視之，意指佛陀所見之芸芸眾生都是一樣的，任何一個人都有罪。不動尊的工作則均基於此。

「其在鎮壓重障的磐石上，使其不再動，而成為具有淨菩提心的妙高山王。故謂『安住在磐石上』。」

眾生的罪障很重、很大。不動尊為了要抑制此罪障，而端坐在磐石上，使其不能再動。祂是要完成清淨菩提心的妙高山之王。是故，在『大日經』中有所謂的「安住在磐石上」。

妙高山的原語是 Sumelu，一般將其音譯為須彌山。其被認為是世界的中心，而其四方為四大洲。南方的閻浮提洲即是我們住的地方。須彌山乃是神話上的地方，它可能是喜馬拉雅山系。妙高山王可以看做：把妙高山本身比喻為群山之王。由此可見，不動尊被視為妙高山之支配者。如前所述，不動尊之語乃「山岳之主」的意思。由不動尊坐在岩石上之述文亦可明瞭其原本的意思。印度教的大自在天亦被稱為「山岳之主」。雖然大自在天亦被稱為「山岳之主」，但是有關「不動尊的起源是大自在天」的近代學者之說乃是錯誤的。

大多數的人將右示的『大日經疏』之文解讀為：「鎮壓重障的磐石，使其不再動，而成為具有淨菩提心的妙高山王」。據此，而把重障和磐石、淨菩提心和妙高山王分別想為相同者。但是我認為鎮壓重障的磐石、具有淨菩提心的妙高山王是指不動尊而言。

佛陀俱希耶說與一行說之比較

比較佛陀俱希耶的解釋和一行的解釋時可以看出，前者有用「平等性智」、「無間道」等唯識哲學的術語，而後者則沒有。如前所述，密教是大乘思想的歸結。由於在那爛陀大學內閱讀『大日經』，所以藉由唯識哲學來解釋經典的內容乃當然之事。『大日經疏』中並沒有這樣解釋，但是由興教大師覺鑁的『不動講式』中之「……大日不動即不二之本跡。其開一眼以示平等知見……」可以了解平等性智。

在佛陀俱希耶說中有「無間道」的術語，可是在『大日經疏』中並沒有。在俱舍或唯識的哲學中，將切斷煩惱、開悟的過程視為四種道來說明。第一：「加行道」為準備修行；第二：「無間道」乃是切斷煩惱前的狀態；第三：在「解脫道」達成目的；第四：在「勝進道」繼續向上。是謂在其中的無間道參拜不動尊。

除了切斷煩惱障之外，佛陀俱希耶也說了切斷所知障之事。可是，在『大日經疏』中也沒有提到這點。不過，在說明「磐石」時所提到的「重障」也可以包含煩惱障和所知障。

對於「刀」的解釋，佛陀俱希耶強調「慧相」；而『大日經疏』則用「殺害一切眾生」、「切斷業壽無窮之命」的表現。此外，關於這點，以「大空」、「戲言之滅」來表現，則屬中觀哲學。

關於「羂索」，佛陀俱希耶藉由「無間道」來說明；而『大日經疏』則藉由「四攝事」來說明。

關於「眼睛」，佛陀俱希耶說明到，無間道達平等性智，而未及法界智。同一說明亦用於有關「童子形」之處。『大日經疏』對於一眼的說明（「應無可寬恕者」）則在其他文獻中找不到。

此外，「火焰」的說明只有在佛陀俱希耶說中可以找到；而「磐石」的說明則只見於『大日經疏』中。如是，比較研究過兩本注釋書之後即可明白許多事情，而諸如此類的研究以前從來沒有人著手進行過。

弘法大師筆下的不動尊

以上即依據『大日經具緣品』，並參照兩部注釋書，來說明不動尊之尊形。除了「一眼」這一點以外，在日本擁有最多信徒的尊像即如經文所載。

弘法大師的『秘藏記』乃是記載真言宗基本事項的書籍。其中有關不動尊之記錄如下所述：

「無動尊——黑色、極忿怒。左手持索，右手持寶劍。坐在磐石上，身在大火焰中。如大劫之火。」

「大劫之火」乃是毀滅世界之火。藉此表現火焰之猛烈狀。

此外，弘法大師的『宗秘論』中提到——

「金剛不動尊既非真亦非假。眾聖均坐在蓮花上，唯獨祂坐在磐石上。此尊久已成佛，其欲除大障之山而現身為僮僕狀，坐在石上，奉侍尊顏。」

不動尊從很久以前即已成佛，但是，祂為了要消滅眾生的大障礙，而不似其他諸尊一般坐在蓮花上，唯獨自坐在岩石上，作奴僕之相。大師的『吽字義』中亦載有相關之文，如後所述。此外，『無動尊瑜伽成就法軌次弟（不動次弟）』、『不動明王念誦次第』（納涼房次第）、『唅十九種相觀想略頌文』（不動尊功能）則另外再予說明。

五、有關十九觀

淳祐的十九觀

淳祐（八九〇～九五三年）乃是菅原道真的孫子。由於他身體殘缺，所以專心於真言密教的研究，而留下了許多著作。『要尊道場觀』二卷（大正藏經第七十八卷所收）即是其中之一。在該書中有提及「不動尊道場觀」。行者細說其與本尊成為一體之緣由：

「結法界定印（手掌向上，右手擺在左手之上後，放在膝上）、閉目運心觀想。壇上有 hūṃ 字。字變成了瑟瑟座（不動尊的台座）。座上有 hāṃ 字。字變成猛利的智劍。智劍立即變成了極大忿怒＝聖者＝不動尊。」

接下來又結如來拳印（豎起左拇指，握住右拳），並在身體的七處（兩膝、兩腕、兩肩、頭頂）加持，續之，結十四印契，並唱讀各真言。然後以右手握拳，自頭頂到腳，分別將其放在十九處，即與本尊成為一體。所謂「十九觀」是指——

「第一。觀此尊成為大日如來的化身。—其在實相華台上早已成佛。因其欲還願，故以如來使者之身，執行諸正務。

第二。在明（真言）中有 a, ro, hām, mām 四字。三世諸佛均是由這四個秘密應現三身（自性身、受用身、應化身）在菩提樹下降魔成佛的。此乃寂滅定＝不動之義。

第三。常住火生三昧。——ram 字的智火燒盡一切之障而成為大智火。

第四。現童子形，其身卑微而肥滿。——上承佛勒而讓行者使役，下化做眾生而操持雜務之意。

第五。頂有七莎髻。——意即轉為七覺分法（擇法、精進、喜、轉安、念、定、行捨）。

第六。左垂一辮髮。——乃垂一子之慈悲（視眾生如自己之一子）之意。

第七。額上有皺紋。形如水波。——意指懷念六道，而想了許多事情。

第八。閉左眼、開右眼。——意指掩蔽左道，使其進入一乘。左道乃外道。

第九。下齒咬上右唇，下左唇向外翻。——意指以慈悲之力使魔羅害怕。

第十。緘閉其口。——意指緘口不提眾生生死之戲言。

第十一。右手持劍。——意指殺害眾生現在的三毒（貪、瞋、痴）。

第十二。左手持索。——意指繫縛。以銳利的慧劍切斷不降伏者之惑業，並引導其至菩提。

第十三。吃行人之殘食。——意指吃完眾生未來之無明習氣（執迷之根源）。

第十四。坐在大磐石上。——鎮壓眾生之重障，使其不再動，亦即成就淨菩提心，成為妙高山王之意。

第十五。色醜，為青黑色。——即調伏（咒殺）之相。

第十六。奮迅忿怒。——表威猛之相。

第十七。遍體有迦樓羅炎。——意指智火的金翅鳥王吃盡了惡毒有情的龍子。

第十八。變成俱力迦羅，一直揮劍。——智龍之火劍摧毀九十五種外道之火。

第十九。變成二童子，供行者使役。——其中一童子名為矜迦羅，祂是恭敬、小心之人。這表示順從者。另一童子名為制吒迦（「制吒迦羅」乃是錯誤的）。祂是具有難以形容之惡性者。這表示不順從違道者。」

以上所載即是淳祐的「十九觀」。由於在真言宗，「十九觀」直接間接地影響了後世，所以在此介紹全文。其大綱是依據『大日經』、『大日經疏』，但是此外還添加了一些要素，故而我在下文中將再予以說明。

瑟瑟座

在淳祐的道場觀上，剛開始便提及「瑟瑟座」之語。後世的注釋者們也有的人將不動尊之座說成瑟瑟座。但是，此典據並不確實。在原本的密教聖典中，並沒有看到把瑟瑟座視為不動尊之座的例子。只是在有關『大日經』的儀軌之文獻——青龍寺的法全所編輯的書籍（大正藏十九・一一九中・一五七下）中有「忿怒軍荼利坐在瑟瑟磐石上」之語，而這裡是指軍荼利明王，並不是指不動尊。而且在同一書籍中關於不動尊還引用了「安住在磐石上」的『大日經具緣品』之頌，故而不動尊與瑟瑟座無關。此外，法全不似善無畏、金剛智、不空金剛般有權威。大概是有名為「瑟瑟座」的特別座之故吧！

梵語的用例中有『瑟囉沙那』之語，此謂以平而大的石頭當座席。此外，在『Rāmā yama』（註二）般的印度文學作品中也有相關的用例。「瑟囉」乃岩石之意。在梵語的用例中，它大多是被解釋為「平而大的石頭」。其類語「娑囉」一般謂為「岩」或「山」。由於『大日經具緣品』乃是由西藏語還譯而成的，故而其中的「娑囉」雖譯名有出入，其意為「岩」或「磐石」。此處因為是韻文，所以不可以任意變更。在其他的地方，其原語以「瑟囉沙囉」來表達比較。意指「平而大的岩石座席」。因此，原語無論寫成「娑囉」、「瑟囉」或「瑟囉沙那」

都譯成「磐石」或「磐石座」比較好，而事實上它本來就是這個意思。

「瑟囉」之語除了可以解釋為「平而大的石頭」之外，還可以用做礦物之名，及只有在佛教聖典的用例中才有的寶石之名。『法華經功德品』「普門品」中有此一說，而『金光明經』、『解深密經』中則將「瑟囉」譯為「璧玉」。並將其與摩尼、瑠璃、真珠、珊瑚等置於同列。此外，在翻譯名義大集中，則將其與頗梨、真珠並列。

在密教聖典中，有金、銀、真珠、瑟瑟、頗梨被列舉為「五寶」或「五種寶」之例（大正藏一八・九二八中。九三〇上。一九・五九五上）。但如瑟瑟般之音讀梵語字則不存在。由意思上來考慮，最接近者為瑟囉＝璧玉。以瑟囉為五寶之一乃是很自然的事。而將瑟囉譯為「瑟石」，並經「瑟石」轉變為「瑟瑟」也是可以想像的。現在也有「瑟石」之例（大正藏一八・九一三中）。

要言之，原語「瑟羅沙那」同時具有「平而大的石頭座席」和「寶石（猶指璧玉）做的座席」兩種意思。依據印度的一般用法，第一個意思較為普遍，第二個意思則被視為佛教的特殊用法。漢譯例：「磐石」、「磐石座」、「石」、「寶石」、「寶磐石」、「寶盤山」，均源自同一原語。出自日本注釋書的「瑟瑟座」、「瑟瑟磐石」之類也沒有必要過於吹毛求疵。由西藏語的資料中可以看出，瑟囉是水晶或如螺貝一般白的玻璃，故而可以說做是結晶體的寶石。如果是這樣的話，高雄曼荼羅或東寺講堂坐像的台座均可謂為類似前述者。

【註一】Rāmā yama：古典梵文學，梵書的大敘事詩，共有七篇，二萬四千頌句。

不動尊觀想的順序

如前所述，淳祐的十九觀是以『大日經』為中心，然後引用其他的聖典，來說觀想不動尊之順序。由於其對後世影響甚大，所以我即依從其順序，並且一邊參考其他的諸說，一邊來為各位說明。

大日如來的化身

第一。不動尊是大日如來的化身。由於不動尊本來與大日如來是一體的，所以在曼荼羅的中台——宇宙的中心，自遠古的時代即已成佛。但是，祂在剛發心的時候曾立下誓言：「在我成為佛陀之後，我要變做如來的使者，而擔當各種雜務。」所以，現在祂仍保持著奴僕之相。

真言的秘密

第二。萬物都是藉由語言來表現，在單純的拼音當中可以包含複雜的意義。這即是真言、明咒、咒文、咒。以一拼音來表示其要點，即謂種子。不動尊的種子是 a（阿）、ro（路）、hām（憾）、mām（給）四字。藉由觀想包含在這些種子中的意義，行者致力於與本尊成為一體。不過，詳細之內容則一定要直接受教於師。

比方說，a 字是萬物的根源，而所謂的阿字本不生，即是大日如來的種子。ro（路）字乃降魔及火生三昧之意。hām（憾）據知為不動尊的種子，其包含了四佛的四智。mām（給）字乃無我大空之意，即不動菩提心。藉此觀想，即可親身體驗到過去、現在、未來的諸佛均由這四個字的秘密而生。諸佛以自性身、受用身、應化身等三身坐禪於菩提樹下，降伏惡魔，而臻抵寂滅不動的境地。

火生三昧

第三。火生三昧是不動尊的特色。藉由觀想火，而由自己的身上發出火焰，燒盡所有的障礙而成為大智火。依據三卷本『底哩三昧經』卷上所載，火共有四種。世上的內火是含有貪、瞋、痴的煩惱之火，此火燒盡了眾生的善功德。世上的外火是蘊育生命、培養萬物之熱。出俗火中的外道婆羅門之火足以傷害眾生、損毀萬物。對於這三種火，不動尊的大智火在降伏外道的火龍、抑制了異端之後，得以燒盡眾生的煩惱，摧毀無明煩惱的闇，使其接近菩提。

在歷史上記載著，釋迦牟尼在傳教之初曾使迦葉三兄弟與其千名弟子改宗。他們最擅於火祭，而釋迦牟尼壓制住了他們的火龍，並藉神通力展示出更勝其一籌之法力。在大乘及小乘的佛典中均載有火光三昧——藉觀想得由身上發出火焰——之事。

童子形

第四。如前所述，不動尊為還願而變成頑強的青年之形相。祂以這種形相出現並不只是為了奉侍如來，亦示其具有達成真言行者願望之態度。藉此，不動尊信者的願望亦得以達成。

七莎髻

第五。根據『底哩軌』所載，其頭髮如七束之理由在於：「頭上的七個髮束代表七菩提分」。密教對於事物的解釋分成淺略與深秘兩種。承如所見，一般的解釋均是淺略的解釋，而解說更深奧之象徵的＝神秘的意義者，是為深秘的解釋。在此將七個髮束看做七菩提分（七覺支），乃是深秘的解釋。

七覺支乃是開悟前的修行道程之一，其包含了以下的七個階段：一、擇法。即判斷、區別真偽，而擇其真者。二、精進。致力於真理的實踐。三、喜。喜歡真實。四、輕安。身心均安適、愉快。五、捨。不為外界事物所束縛。六、定。要統一精神。七、念。專注、堅守。參拜不動尊之相者，應實踐此七覺支。

辮髮

第六。將一辮髮垂至左側，適如父親愛子一般，其意味著不動尊愛一切眾生之意。依據淨嚴所言，頭上表示佛界，而左則表示眾生界。

皺紋

第七。額上的皺紋乃是常常擔心在六道中輪迴的眾生之記號。也有的人將其解釋為忿怒之意。

閉一眼

第八。閉左眼意味著遮斷左道，亦即外道，而只引入佛教。這是淳祐的說明，而異說卻相當多。依據『大日經疏』所載，佛陀眼中的眾生都是一樣的，沒有一個人是沒罪的。

興教大師在『不動講秘式』中述及：「開閉左右眼意指遮惡而持善之德。」，即閉左眼以遮斷惡，開右眼以保持善之意。同樣地在『不動講式』中亦述及：「開一眼以示平等知見」。後者的說法與前述的佛陀俱希耶之說法相同。

承如我在前面所提到的，不動尊的尊像並未傳至現在。關於這點，淨嚴所述之意如下：

釋迦所現的不動開一眼、閉一眼。為什麼呢?釋迦出現在五濁的惡世中，是因為祂要把三乘・六道等各種各樣的所有眾生都導入一乘。大日所變的不動兩眼都是睜開的。此乃本不生之智眼諦觀生死、涅槃均應以心之德而拋棄之故。

「釋迦的所現不動」和「大日的所變不動」之區別在於如是之解釋。最初所認為的不動尊原本是單眼，但是當祂表現於尊像時，則變成了雙眼。這究竟是怎麼一回事呢？如『大日經疏』所載，不動尊發下誓願要「示現初發大心的諸相不備之形」，因此變成眼、齒不整、歪唇、額頭上有皺紋、頭髮零亂、皮膚黝黑、身體肥滿、端坐在石座上之相。故而，眼睛左右不均等，是不動尊故意要醜化自己的。只是當祂被視為膜拜像時，又變成了兩眼端正的模樣。大體而言，尊像是要表現一切理想、將本願象徵化者。就不動尊的情況而言，其以「諸相不備」為誓願，以所謂的「醜化」為理想。

齒與唇

第九。下犬齒咬住上唇或上犬齒咬住下唇各種圖都有。有的人將此解釋為以慈悲之力，使魔怪感到恐懼（淳祐）；有的人則將此解釋為：上求菩提，下教化眾生（興教大師）等等。其原本依然也是「醜化」的表現吧！而歪唇之目的也是一樣的吧！

閉口

第十。依據『大日經疏』所載有關閉口之解釋是，切斷煩惱、消滅輪迴之因，以及不為無用之議論。所謂謬論即是指無用之議論，是即外道之說。佛教乃是消滅謬論的宗教。大乘佛教中之中觀派說中道、教空性（即大空）。『大日經疏』之說中亦有使人思及中觀派之處。「沈默」之德乃是佛教極為強調者，以上即是深秘的解釋；而閉口乃是使人感到害怕之表情，為淺略的解釋。

右手之劍

第十一。右手握劍原則上是不動尊的特徵之一。佛陀俱希耶說那是切斷煩惱障、所知障的智慧之刀。而『大日經疏』中說，那是用來殺害業之根本，使之能夠產生大空的劍。前者是唯識派，後者是中觀派的解釋。依據淳祐所言，劍是用來切斷眾生現在的貪、瞋、痴者。

淨嚴總合諸家之說，而做了如下的說明——

劍有兩個意義。第一是，闡明中道意義的智慧之劍。否定有與無的兩極端，而所有現象的真相是要讓你領悟出本來不生不滅（本不生）的道理。第二是降魔之劍。如果揮動不二中道的智劍，所有的魔軍將不戰而敗。也就是說煩惱會被消滅。

左手之索

第十二。左手的羂索也是不動尊顯著的特徵之一。佛陀俱希耶以無間道、『大日經疏』以四攝事來說明羂索。淳祐把它解釋為繫縛，對於綁住後仍不降伏者，除以劍來切斷他的煩惱與業之外，還以羂索把他拉到菩提去。

淨嚴很懇切地做出了以下的解說——

羂索有四個意思。

第一是繫縛之意。即綁住內外各種妨礙與魔事，並摧毀之。

第二是引攝（導入佛教）之意。以大悲的手段引導一切執迷者進入法界曼荼羅的世界。以四攝事（布施、愛語、利行、同事）為一條索，由象徵大悲的左手拿著。

第三是大寂定＝不動之意。一般而言，佛教是以戒（正確的行為）、定（瞑想）、慧（正確的認識）為根本。比方說：抓賊是戒、綁賊是定、將賊定罪是慧。右手的劍是代表動的能殺之慧；左手的索是代表不動的能縛之定。組合兩手所持之物就是動即不動。

第四是動即不動之意。就綁住散動之魔（動搖、執迷）這點而言，索是不動；就影射沈淪迷徒這點而言，索是動。

以上即是淨嚴的解釋。在右列的第四項中，右手之劍乃是代表風大（動的象徵）的 ha 字；左手的索乃是代表空大（不動的象徵）的 m 字。兩字合起即是 hām ——不動尊的種子。

殘食

第十三。在『大日經』中並沒有提到不動尊吃行者殘食之事，但『底哩三昧耶念誦經』（大正藏二一・一〇下）中是這麼說的——

「此尊立誓以大悲捨身，奉侍一切的持誦者（真言的行者），身如奴僕，現示出無一眼之相，並接受殘食之供養。行者如果隨時將不動尊記在心中的話，不動尊便會日夜常伴，且擁護之……」

不動尊遵從其本願，而化做奴僕奉侍行者，並隨時守護在其身邊，且接受行者的殘食供養。行者每次在吃飯時都一定要記得把自己的殘食獻給不動尊。

弘法大師在『吽字義』中述及 mām 字是不動尊之心。其如下所言：

「此尊是三世十方一切諸佛的祖師、四十二地一切菩薩的所尊。其以使者的眇相（獨眼的臉）、奴僕的垂髮之相出現，委曲已成的尊位（早已成佛陀之尊貴地位），吃初心的遺穢（吃修行中的行者所吃剩的殘食）。亦即，雖然祂地位崇高，但是祂並不奢侈。雖然看來好像有所損失，但卻招來盈滿。這便是損己益物的意義。」

此外，三卷本『底哩三昧耶經』上卷（大正藏二一・一五下）中是這麼說的：

「吃殘食即是吃盡一切眾生的煩惱與惡業之重障，而不能有剩的。如此即能證無生法忍，並在未來世中斷卻無明煩惱的習氣與見障。」

在此將殘食比喻解釋為妨礙一切眾生解脫之物。不動尊自己把這些東西吃了下去。若能消除煩惱障（從道德上的惡而生之障礙）和業障（輪迴下的障礙），即能得無生法忍（超越現象界之生滅的認識）。此外，甚至也可以切斷未來的無明煩惱（根本的無智）之習氣（潛勢力）及見障（錯誤外道之見解）。

淳祐基於此而做了如前記所載之說明。對於原本即立下要做行者的奴僕，並甘於吃行者們殘食的不動尊之本誓而言，賦予了殘食宗教的深秘解釋。

大磐石

第十四。由於在「瑟瑟座」項中已詳細說明了有關大磐石的事，故而在此不再說明。

身體的顏色

第十五。其體色很醜，為青黑色。在「十九觀」中說，這代表調伏（咒殺）之相。『大日經』及『大日經疏』沒有關於體色之記載。而有的地方記載祂的體色是青色、青黑色（『立印軌』）；有的地方則說祂的體色是黃色（『底哩三昧耶』卷本、三卷本、『安鎮法』）、黃赤色（使者法），眾說紛紜，莫衷一是。如右所示，所謂「色醜」乃是「醜化」或「忿怒」的表現法吧！

此外，依據修法目的之不同，而體色也會有所不同，如前所述，日本的畫像有的是赤不動，有的是青不動，還有的是黃不動。也有的是以眼睛的顏色加以區別，如目黑、目白、目紅、目黃。印度的密教中，還有把暴惡大忿怒的金剛瑜伽者視為黑不動、白不動、黃不動、赤不動、青不動之例，故而其起源相當的久遠。此外，還有在地、水、火、風、空等五大中，分配黃、白、赤、黑、青之說。故而認為不動尊的體色並無一定比較好。

奮迅忿怒

第十六。即奮迅忿怒表威猛之相。如前所述之相要言之，乃是奮迅、忿怒、威猛的象徵。因為明王是要實行如來的教令，所以示現忿怒之身。如果引用近代歐洲的宗教學者之用語即是，其可興起恐怖＝敬畏之念，而引導人們對其信仰。不動尊對外可以威脅魔障，對內可以消除煩惱。

迦樓羅炎

第十七。不動尊身附迦樓羅炎，這表示智火的金翅鳥王吃食惡毒有情的龍子。

不動尊常在火生三昧之事，亦載於「十九觀」第三中。在『安鎮軌』（大正藏二一・二八上下）中，特別將此火焰比喻成迦樓羅。「坐在金盤石，火焰熾然。焰多如迦樓羅之狀」、「猛焰心中生、其狀如金翅鳥」。在弘法大師之作『不動功能』中記載的「迦樓羅炎附於全身，智火成金翅鳥王之身。此表吃食惡毒龍之相。」可能就是依據『安鎮軌』所載吧！如果只是依據『大日經』等所載，則沒有必要把不動尊的火焰與迦樓羅聯想在一起。日本自中世紀後，便經常說到迦樓羅炎，故在此再記述迦樓羅。

迦樓羅也可以寫成伽樓羅，揭路荼。梵語則寫成 Garuda，乃是存在於神話上的鳥之形相。此說亦載於印度最古老的文獻『梨俱吠陀』之中。Garuda 母親的競爭者迦囉盧生了許多蛇。Garuda 非要對這些蛇報仇不可。最後牠獲得了天上的神——帝釋天允許，捕食了這些蛇。蛇即是龍，Garuda 乃是具有美麗翅膀者，其漢譯名稱為金翅鳥或妙翅鳥。Garuda 原來是太陽的象徵，其後則以太陽神所乘之物的身份在許多神話中登場。

在包含『法華經』在內的許多大乘經典中述及，Garuda 乃是佛教守護者的八部眾之一。一般而言，祂的下半身和喙是鳥，其他部分則被表現為人身。密教中的迦樓羅屬於胎藏界曼荼羅外金剛部，其被描繪為一對男女。以迦樓羅為本尊的修法亦盛行於日本。其也可說是日本民間傳承的天狗之原型。由於 Garuda 有這樣的神話背景，所以亦出現在『不動功能』及『十九觀』般的說明中。但是，由於其原本是出自太陽神話，所以在『安鎮軌』之文中，單單只採用了「如太陽一般光輝」的意思。

俱利迦

第十八。「十九觀」中說到，變成俱利迦羅，揮動著劍，這表示智龍火劍摧毀九十五種外道之火的意思。『不動功能』中記載著：「變成俱力迦龍之形，揮動著劍，意指以智龍火劍摧毀九十六種的外道之龍火。」

右列之文很容易理解，而『佛頂尊勝心破地獄法』（大正藏十八・九一三中）中所載如下——

「大日如來變成憾（hām）字。字變成劍。劍變成不動明王之身。明王變成俱利伽羅大龍，呈現忿怒之相，並揮動著利劍。」

這是在敘述道場觀的觀想。由此文中可以聯想到，行者最先想到的大日如來是什麼樣子。大日如來在行者的心中變形，其變化之順序依次為憾（hām）字—劍—不動明王—俱利迦羅大龍，最後大龍便現出忿怒之相揮劍。大日如來至大龍乃是一體的，而非分別存在著。前述的「十九觀」、『不動功能』之文是基於『立印軌』、『使者法』、『俱利迦羅陀羅尼經』等；然而使龍與劍對立，並組合外道之火的結果，卻在注釋家間造成了混亂。視大日如來與大龍為一體，並將此當做觀想對象的話，就不會導致混亂。

除了有關不動尊的聖典之外，另外還有三部講述龍王的簡短聖典。在日本，也有人信仰龍王。有人將其做成纏繞在劍上的龍之尊像；有人則以此為蒔繪或刀的裝飾之題材；時至近世，還有人以此為刺青的樣本。大正時代，在公共浴堂等地也可以看到背上刺著俱利迦羅紋的男子。

龍王的名字實際上是俱利迦，而非俱利迦羅。在印度，龍是將蛇神格化者。迦囉慮生下一千條龍，而這些龍都住在地下（或是海底）的宮殿之中。有時祂們會變為人形。

許多人都知道祂們的代表者——龍王——之名，守護佛教的八部眾中之龍即是此。在日本，八大龍王乃是指『法華經序品』中所載者，俱利迦並沒有包括在其中。『陀羅尼集經』第六卷中的鳩利迦是八龍王之一。俱利迦在婆羅門的文獻中乃是具有代表性的龍王之一。依據婆羅門的文獻記載：「俱利迦頭戴半月，全身散發著火焰與煙的光輝」。其亦有與不動尊的形像類似之處。

依據『俱利迦羅龍王陀羅尼經』（大正藏二一・三七下）所載，以前，不動明王與九十五種外道爭論時，不動明王變為智火劍，而對方的代表也變為智火劍來抵抗，這時，不動明王又變為俱利迦羅大龍，威鎮敵手並使之屈服。

此外，依據『矩里迦龍王像法』（大正藏二一・三八中下）所載，如果祈助於龍王的話，便能降雨與治病。

包含俱利迦在內，所有的龍都是迦囉慮之子，而其為迦樓羅的敵人。由此可見，迦樓羅炎與俱利迦龍王共存之事是相當矛盾的。但是，實際上，在不動尊信仰的漫長歷史中，尚加入了許多要素才致有此一說。

二童子

第十九。變為二童子，供行者使役。一名為矜迦羅，其為恭敬、小心者，祂代表隨順正道者；另一名為制吒迦，其為具有難以言喻之惡性者，祂代表不順從違道者。

這即是「十九觀」中的最後部分。在十九觀的第一中，觀想不動尊是大日如來的化身，接下來則依次交換觀想的對象以迄於此。在第十八龍王之後接著在『佛頂尊勝心破地獄法』中說：「龍王變成二名使者，一名為矜迦羅使者，另一名為制吒伽羅使者」，亦即，大日如來、憾字、劍、不動明王、俱利迦龍王、二童子都是一體的。

行者在觀想時，應按此順序一一地想著其形相，同時自己也要變成如此之相。在觀想中，並不是除了不動尊之外，還有二童子，而是不動尊自己變成了二童子來操持勞役。在前面我已提到過，因為不動尊本來就是大日如來的使者，所以最好把不動尊就看成是二童子，而其為使者執行雜務。是此，在十九觀的第十九中提及二童子。關於矜迦羅與制吒迦（制吒伽羅是錯誤的），則容後再予以個別之說明。

不動明王及二童子像

不動尊的功能

以上即基於淳祐的『要尊道場觀』卷上所收錄的「不動尊道場觀」來考察十九觀。實際上在『弘法大師全集』中有五部關於不動尊的著作。其中，第十三卷中的二部——『聖無動尊念誦儀軌法品』（納涼房次第）和『聖不動尊功能』可謂是「真偽未決」；而另外還有第七卷的『無動尊瑜珈成就法軌次第』（不動次第）、『不動明王念誦次第』（納涼房次第），『唅十九種相觀想略頌文』（不動尊功能）等三部。為什麼其理由不太容易了解呢？那是因為先師諸大德並沒有引用這些，而大多是依據前述的淳祐來說十九觀。我亦倣法之。由於我將其中的第三之略頌文（亦收錄於第二之作中）做過完善之整理，所以欲藉以下之文為上述的說明做個總結——

「阿、路、憾、蛿字變為三身成佛
此尊為大日之化身　為其使而執行諸務
住在火生三昧　燒障成智火
以肥滿童子之形姿出現　為奉侍佛之化身
頂有七莎髻　這代表七覺分法

左邊垂一辮髮　這代表一字的慈悲
額頭上有水波之皺　懊念六道之生
斜閉左眼　掩左道而進入一乘
咬上唇且下翻　以慈力使惡魔恐懼
緘閉其口　以滅謬論之語風
右手拿著智劍　以殺害三毒之惑
左手拿著羂索　以繫縛不降者
吃行者的殘食　以吃盡無明之習
安坐在大磐石上　以鎮壓眾生之重障
體色醜　為青黑色　這代表降伏之相
奮迅忿怒　表示威猛之相
遍體均有迦樓炎　這代表智火的金翅
揮動著俱力龍之劍　以摧毀所有的外道
變成矜迦與誓多　順正而不順違
這便是不動的本誓　所謂不動即是寂靜之義
如是之觀想」

六、不動尊的從屬

矜迦羅

據說不動尊的眷屬（從屬）有三十六童子、四十八使者，不過，其中較廣為人知的有八童子，而最為人所熟知者則有二童子。不動尊本身已是如來的使者（奴僕），而其所呈現出來之形相為童子形（少年之形姿）。在此即先述說二童子中的矜迦羅。

除了矜迦羅之外，還有其他的漢字譯名，如：矜羯羅、矜詞羅、緊迦羅、緊羯羅與繫迦羅等等。其原語乃「想做什麼呢？」之意，後來則以「奴僕、奴僕」的普通名詞而廣泛為人所使用，這是矜迦羅的第一個意思。由此意思可以引申出「隨順」、「恭敬小心」之意來。

在印度教中，矜迦羅乃是羅剎的一種。羅剎是會糾纏人類或吃人類的惡魔，這是矜迦羅的第二個意思。這個意思的矜迦羅亦載於密教聖典中，此外亦有矜迦羅與藥叉，必舍左並記之例（『秘密三昧大教王經』第一卷）。藥叉（夜叉）與必舍左（畢舍遮）也都是鬼魅。

此外，還有把矜迦羅當成是夜叉的一種，而說它是住在地下波多羅國之例

（『孔雀王咒經』第二卷）；以及把矜迦羅與夜叉相提並論之例（『瑜伽大教王經』第二卷）；另者，還有將其與神祇並論者，如：「一切的天及緊迦羅等皆為恐怖且令人迷惘者」，而視矜迦羅為鬼之代表者。

第三個意思為「緊羯囉與夜叉等」（『瑜伽大教王經』第二卷）中所載之持世菩薩的從僕之意。此乃原來的意思所衍生出來的。此外，其也列入了忿怒明王眷屬的行列之中，而其從屬包括：唧吒、唧致、訥多、訥帝、緊羯羅、緊羯哩。

其中，唧吒、訥多與緊羯羅是男的奴僕、使者；而唧致、訥帝與緊羯哩是女的奴僕、使者。在這些例子中，矜迦羅乃是一個普通名詞，其為從屬的一種。這是第三個用法。

矜迦羅的第四個用法是，其為侍奉不動尊的二童子中的其中一位。在前文中已經引用過的『佛頂尊勝心破地獄法』中述及：「龍王變成二位使者，這二位使者分別是矜迦羅使者與制吒迦羅使者」。在此，矜迦羅與制吒迦是固有名詞。這就是不動信仰中為一般人所熟知的二童子。

此外還有第五種用法，就是以矜迦羅為本尊的修法。在『不空羂索陀羅尼經』中說到「成就緊迦羅之法」。首先要在蒻麻布上畫出緊羯羅的形像。其為夜叉童子形，瞋面、怒目、頭髮為赤黃色並向上豎立如火焰一般。鼻如鳊膁、犬齒向上突出、吐舌、舐唇、身有二臂、著藍衣、持索，以所有嚴具來表現莊嚴的一面。

若如法供養，緊羯羅便會現身，並帶來必要之物、為你做任何事情。這附屬在不空羂索觀自在菩薩之法中。

同樣地，附屬於不動尊法的矜羯羅法載於『底哩經』（一卷本和三卷本下卷）及『不動使者秘密法』中。不過在此所載為：矜羯羅什麼都拿來之後，又登天帶來了仙女。

根據『八大童子秘要法品』所載之文如下：「形如十五歲的童子，著蓮華之冠，身體為白肉色，二手合掌，在二大指和大拇指間橫插入一股杵，並以天衣和袈裟微妙嚴飾」。

『覺禪鈔』依據『不動尊二童子法』所載而揭露左手持杵、左手持蓮華之像和乘獅子之像。但此典據之真偽不明。

另外，在『文殊儀軌經』第一卷中還列舉了緊迦羅明王、緊迦哩明王之名，在此其已升格為明王。

如上所述，緊迦羅共有六個不同的意思，其分別為：（一）一般的意思為奴僕、（二）鬼神的一種、（三）菩薩或明王的從屬、（四）特別是指不動尊的侍者、（五）修法的本尊、（六）明王。

制吒迦

侍奉不動尊的二童子之二即是漢字譯名為制吒迦、制多迦、制擿迦等。其乃字意為「奴僕」的普通名詞，漢字寫成制吒迦羅乃是錯誤的。在古梵語的文獻中，矜迦羅與制吒迦都只有「奴僕」的一般意思，至於中世以後，在印度文獻中則亦見惡鬼的一種之意。這一點和前述的矜迦羅相似。此外，如前所載，其亦為忿怒明王的眷屬之一。

此外，在『不空羂索陀羅尼經』中尚有「成就制擿迦之法」的記錄。其像為童子形，是歡喜的相貌。頭上有五髻，以一切的嚴具以示莊嚴。其身相令人喜悅、歡喜，面帶笑容、面色黃白、有兩臂、一手拿阿摩羅果（芒果的果實）、一手拿花。如果造像並如法供養的話，制吒迦便會現身做事。這與矜迦羅的情形一樣。

如前所述，『底哩三昧耶經』（一卷本和三卷本）中載有附隨不動尊法的矜羯羅之法。但是在該經典中則未載制吒迦法。此外，在『不動使者秘密法』中亦載有矜羯羅之法，在此則附加了制吒迦之名。制吒迦乃是「具有不可言喻之惡性者」。閒來沒事時，祂會來操持雜務，然後再回去，但是即便是驅使多年，如果有一次出錯了，祂就不會再回來。

此外，在『八大童子秘要法品』中說到：「制吒迦在此乃（漢語的）息災之意。這是利用菩薩的手段來顯示瞋形之故。」其形為：「制吒迦亦如童子。色如紅蓮，頭上結五髻，左手拿縛日囉（金剛杵），右手拿金剛棒。因順惡性之故（依據一本所載，乃瞋心惡性者之故），而不著袈裟，並以天衣披於頸與肩上。」

再者，『覺禪鈔』中載有：「其像坐在成為白馬的驟勢之上，頂下掛著鈴子。在童子之頂有五個髻，身著緋衣。如十五歲之兒，呈現喜怒之相。」

以上所引用的文句中，乃以「惡性」來說明「制吒迦」，但是制吒迦的原語並非惡性之意，而是普遍的下男。也許將其解釋為「惡性」是與語形相近的「迦德利」（復仇者、獄卒）混淆了。此外，「息災」的原語與制吒迦並沒有關係。這些誤解即是後世注釋家的混亂之源。

溯及根本，矜迦羅與制吒迦都是侍奉人的奴僕，亦是不動尊本誓中的語詞。就其根源而言，不動尊與矜迦羅、制吒迦是一體的；再溯及根本則可說是，不動尊即是以眾生濟度的大慈大悲之相出現的法身佛大日如來。其包容萬物、支配萬物，且在萬物之內、外永遠不動，並以奴僕之卑微身份出現。矜迦羅與制吒迦亦可看做是不動尊的分身。

八大童子

『聖無動尊一字出生八大童子祕要法品』中載有不動尊的八大童子，其文如下：

一、慧光童子。微怒、著天冠、身為白黃色、右手拿五智杵、在左手的蓮華上放著月輪、以袈裟與瓔珞示以莊嚴。

二、慧喜童子。形似慈面、顯微笑之相、色如蓮華、左手拿摩尼、右手拿三股鉤。

三、阿耨達菩薩。形如梵王、色如真金、頂戴金翅鳥，左手拿蓮華、右手拿獨股杵、乘龍王。

四、指德菩薩。形如夜叉、色如虛空、有三眼、著甲冑、左手持輪、右手有三叉鉾。

五、烏俱婆誐。戴五股之冠、現暴惡之相、身如金色、右手拿著縛日囉（金剛杵）、左手做拳印。

六、清淨比丘童子。剃除首髮、著法袈裟，在左肩打結並使其垂下、左手拿著梵夾、右手拿著五股杵放在心臟的位置、露右肩、腰著紅裳。面貌不年輕也無老態。目如青蓮，嘴巴裡的上牙向下突出。

七的矜羯羅童子與八的制吒迦童子已經說明過了。

由於有關八大童子的記述，除了『秘要法品』之外，便沒有可做為準據的資料了，故而在此僅列載如上之文。不動尊三十六童子之名亦為人所知，但在此並不一一依據聖典所載，而加以解說。此外，在『勝軍不動明王四十八使者秘密成就儀軌』中還列舉了四十八使者之名，於此亦予以省略說明。

如前所述，由於不動尊本身即是如來的使者，所以祂有幾十或幾百個使者乃是當然之事。而這些使者亦可視為不動尊的化身，所以無論拜哪一尊都等於是拜不動尊。

七、尊形諸相

坐像與立像

前載的不動尊之尊形乃是以『大日經具緣品』所說為起點，按「十九觀」的順序來考察。我們所參拜的尊像原則上就是這一型，但是據知還有不同型的尊像。

由於不動尊住在三昧（瞑想）中，所以原則上是坐像。不過，當祂遵照本誓而呈現活動的狀態時，亦有以立像來表現者。保持坐像之姿，有時是採盤腿的結跏趺坐狀；有時則採單腳離座的坐跏趺坐狀；這大概是表示要去活動的動作。

其台座大多是岩石或結晶體的寶石（所謂的瑟瑟座），但亦有如其他許多的佛、菩薩一般以蓮華為台座之像。此外，還有極少數的像是乘馬馳奔的。

原則上祂有一面二臂二足。但是卻也有三面、四面或四臂、六臂以及四足、六足之像。

體色除了有青黑色的之外，還有遍青色、紺青色、黑色、赤黃色、黃色、金色、日輪色等等。其體色或形態依修法目的之不同而各有變化。

青龍山不動寺不動明王坐像

青龍山不動寺不動明王立像

手持之物

尊像手持之物謂為三昧耶形。最普遍的一種說法是：不動尊右手拿劍、左手持羂索。也有的地方記載著祂手拿金剛杵、弓、矢。金剛杵又有獨股、三股、五股之區別。此外還有鑠訖底槊。這些原本都是武器。此外還有十二輻輪或塔。

日本的不動尊像大多頂上都有蓮華，此事並未載於『大日經』等之上，但在『攝無碍經』（大正藏二〇・一三三中）則有「東南有無動尊，髻上有蓮華」之典據。關於頂上的蓮華，在日本自古以來即有各種不同的議論。由於原本即已成佛的不動尊後來成為了如來的使者，所以在祂的頭上有佛陀象徵的蓮華，乃是當然之事。

肩帶

不動尊的尊像，帶披左肩而繞至右脇腹，這是與其他明王共通之處。不過，無庸置疑地亦有他說。由於也有人誤解了，所以在此更進一言。

在印度的古習中，少年初拜師門下，會在肩上披如細帶般的懸章。這是代表婆羅門等身份的象徵。如果放棄這個懸章的話，就等於捨棄了身分。由於明王是為了眾生而活動，所以祂和一般人一樣，身上附有代表身分的記號。由於這對印度人而言是當然之事，所以在儀軌等中並沒有特別加以記載。

在日本，這一點自古以來即形成了問題。有時人們是以『慈氏菩薩略修愈誐念誦法』（大正藏二〇‧五九一上）所載：「以種種的瓔珞、天衣、白帶、鐶釧來表現莊嚴」為根據，而稱不動尊為「白帶」，這是不正確的。此外，杲寶的『東寶記』中所提到的「肩上披著無價的馱婆」又是根據什麼呢？我並不清楚。不過「馱婆」可能是「馱婆惹」的略稱，其梵語為 dhvaja。這個語句乃「標幟」的意思，一般而言是指高高豎起的長旗，但亦指別在身上的記章。佛典中多將其音譯為馱縛若、特縛惹等，譯意為「幢」。有的地方將其解釋為寶生如來、地藏菩薩等手上拿的東西（三昧耶形）或別在身上的記章，所以稱不動尊的懸章為馱婆（惹）並非不可思議的事。所謂「無價」即是「無可評價的、非常珍貴的」之意。

由於不動尊原本純粹是印度的尊像，所以一定要以印度的風俗為基準來考慮。如果忘了這一點的話，會變得很奇怪。比方說：有被稱之為黃不動的尊像。這是智證大師的感悟，而流傳至三井寺和京都曼殊院。具有藝術作品之價值者，並非像不動尊畫像，因為畫像缺少了印度典型的精神特色。這張構圖的構思者是在書籍中了解了尊像，其兩手所持之物便配合了其中的儀軌，但由於他不知道重要的精神特色，所以畫出了具有如此瑕疵的尊像。值得注意的是，這曝露出了日本中古台密的弱點。

各種尊像

除了已經說明過的標準型尊像外，聖典中還載有各種不同的類型。在此將標準型列為第一型，而如下分述第二～第八型（參照淨嚴『不動忿怒瑜伽要鈔』卷上。由於淨嚴所說的第九、第十的典據很奇怪，所以在此並沒有採用）。

第二型。『底哩三昧耶經』一卷本（大正藏二一・一一中）及同三卷本卷下（同二一下）有使敵軍不動的說法。「於自（敵方的）旌旗上畫不動尊。四面四臂、身作黃色。上下出牙、作大忿怒瞋怖畏狀。遍身火光、作天兵勢（敵人的）。行者以旌旗示彼軍眾。復想聖者，以羂索縛彼兵眾。即彼軍眾盡不能動。」『立印軌』（大正藏同六上）中亦同樣記載著此事。在這些聖典中還更進一步地說明了擊退敵軍之法、滅亡敵軍將領之法、斷絕敵軍糧食之法等。

第三型。『立印軌』（大正藏二一・六中）中載有：「又法畫釋迦，牟尼如來像，右邊畫文殊，童子之形像，左畫金剛手，菩薩微笑形，於下畫無動，大威怒金剛，著種種瓔珞，嚴飾身支分，畫畢於像前，念誦五十萬，一切皆成辨。」

在『底哩三昧耶經』一卷本（同一一下）、同三卷本卷下（同二二上中）之中亦同樣載有此事。不過，經文中以「不動尊」、「無動聖者」取代了上記的「無動大威怒金剛」。

第四型。在『立印軌』（同六下）中有如下的記載：「復次畫像法，於袈裟（紅或褐色的布）上畫，應做青黑色，髮向左邊垂，作童真（童子）形狀，手操爍訖底（槊），或執嚩日囉（金剛杵），眼睛色微赤，威焰光赫奕，坐於盤山上，其山色赤黃，著青色衣服，作孩子（童子）相貌，對此畫像形，結一切密印，皆悉得成就。」

『底哩三昧耶經』一卷本及三卷本卷下之中亦同樣載有此事。

第五型。『底哩三昧耶經』一卷本及三卷本卷下之中載有：「取尸陀林之布（捨棄在墓地的死人之衣）畫不動尊。以自己的血（行者本身的血）畫像之色。像朝西邊放置，行者面對著東邊坐著念誦。每天沐浴三次並著濕衣。在像的面前念誦十萬遍的話，一切願望均會完成。」此外，在『立印軌』中亦載有同文。

第六型。在『安鎮家國等法』（大正藏二一·二八上）載有：「做四臂的大嚴忿怒身。紺青色，洪滿。端嚴，目口皆張利牙上出。右劍，左索。其上二臂，在口兩邊，作忿怒印。身處八幅金剛輪。內其輪四外，現八三股金剛杵頭。輪復有迦樓羅炎。坐四大寶須彌山上。及八天和諸眷屬。」金剛杵圍繞在尊像的四周。

第七型。在『瑜珈大教王經』第二卷（大正藏一八・五六六中下）中載有：「接下來說說三摩地之法。有時就叫阿闍梨觀想吧！哈（hām）字變成大智。大智化為不動尊忿怒明王。做眇眼（單眼）的童子之相。體色為翡翠色。頂上戴著冠，冠內有阿閦佛。有六臂、三面。每一個面都各有三個眼。正面微笑。右臉為黃色，呈忿怒之相，張口吐舌，舌如紅蓮。左臉為白色，以齒咬唇，呈大忿怒相。右邊的第一手拿劍，第二手拿金剛杵，第三手拿箭；左邊的第一手拿羂索並做期剋之印，第二手拿般若經，第三手拿弓。散發出紅色的光，照耀四周。坐在蓮花上，垂一腳。在祂的座下有大寶山。心念吽（hūṃ）字，能除諸魔，具無邊的神通，化佛，如雲之虛空，如是依法觀想的話，彼人已登聖道，很久以前即已成佛。將其命名為一切如來＝證覺＝不動智＝變化＝金剛三摩地。」

在『十忿怒明王大明觀想儀軌經』（大正藏一八・五八五中）亦載有同文。不過，其中還有「腳踏蓮花及寶山、站著跳舞」之語，並稱三摩地之名為「發生一切諸佛如來＝不動大智大自在＝金剛三摩地」。總之，這是阿闍梨在心中觀想之姿，而未必有描繪之必要。三摩地亦可寫做三昧。其意為，把心集中在內面，隔離外界而純粹用心靈來體驗者。文中的「期剋之印」乃是握拳、豎起大拇指，令惡魔恐懼的印契之一（關於大拇指的位置另有他說）。第七型所載之第三眼、拿弓矢及站著舞蹈等等，都是罕見的不動尊尊像。

第八型。在『底哩三昧耶經』卷上（大正藏二一・一四上）中載有：「時不動明王即持彼（大自在天），以左腳踏其頂的半月中，以右腳踏其妃首的半月上。爾時，大自在天隨即命終。於爾時，悶絕之中證無量法，而得授記生於灰欲世界，作佛號日月勝如來。」

同文亦載於「大日經疏」第九卷中，而『覺禪鈔』中亦刊有此圖。在西藏亦有同此之構圖。不動尊將婆羅門的最高神——大自在天及其妃子一併逮捕並將其制伏後殺掉。此時有人預言到，大自在天會重生於未來的灰欲世界，並成為一位佛陀，其名為日月勝如來。由於這段說話的全文出自前記的聖典，所以，以下即依據此文加以解說。

八、大自在天的說話——

不動尊和大自在天

依據『底哩三昧耶經』卷上（『大日經疏』第九卷中亦載有同文）所載，其說話之全部內容如下——

大日如來初成正覺而為佛陀時，適逢世界上的所有生物（收錄在曼荼羅中的三界大眾）都要參加一個大集會，可是，唯大自在天（摩醯首羅）因傲於自己才是三千世界之王，而沒有配合這次的召集。祂認為：「我是三界之主。在我之上的尊者在叫我嗎？」此外，祂又這麼想：「反正『持明者』會變做使者來我這裡吧！因為持明者討厭所有的不淨之物，所以我要化作所有不淨之物（藉由幻術，使其出現），圍繞在四周。如果持明者進入其中，持明者的明術亦無濟於事。」

由於當時不動明王奉佛陀之命前來叫大自在天，所以當祂一看到這種情景時，便立刻化作「不淨金剛」，將所有的不淨之物都吃光了。在祂把不淨之物吃光之後，便要把大自在天抓回到佛陀面前。但是，大自在天說：「你們只不過是夜叉，我才是眾神之王。」說著便又逃了回去。就這樣抓抓逃逃的，反覆了七次之多，不動明王便問佛陀：「這傢伙犯了三世諸佛的三昧耶法，該如何處置？」

佛陀說：「將其論罪吧！」於是，不動明王便以雙腳分別踩著大自在天及其妃，並且把祂們殺了。

接下來，如下所述。

於是不動明王又問佛陀：「要如何處置大自在天？」佛陀說：「讓祂復活。」於是不動明王便遵從命令，唱讀起「法界生真言」。當大自在天復活時十分地高興，於是便跟佛陀說：「這真是非常不可思議的事。把我帶來這裡的那位夜叉究竟是誰？我不知道。」佛陀說：「祂就是諸佛之主。」大自在天說：「諸佛在萬物之中乃是至尊者，為什麼在其之上還有諸佛之主呢？我實在無法理解。這次在不動明王的庇蔭之下，得到了將來得以成佛的授記。不動明王不愧是諸佛之尊。」

本文即以大自在天的說話為句尾，而聖典中又說明了此說話的密教意義。以下即解說二、三點。

大自在天

大自在天是婆羅門教的最高神，並被視為世界的支配者。由於佛陀是克服世界上所有的迷執，而為眾神與眾生之師者，所以，雖說是大自在天亦應接受佛陀的指導。大自在天的叛逆與屈服乃是世俗欲望之跳樑與克服的象徵。

依據許多佛典的記載，釋迦牟尼佛陀是最先成道，並克服這個世界的支配者——魔王者。現在的大自在天的這篇說話也具有同樣的意義。藉由絕滅世俗的欲望，而使新的、開悟的生命重生。在大自在天的說話中，佛陀並沒有親自下手，而是派不動明王為使者來執行命令，這點則與魔王的說法不同。

持明者

在這篇故事中，大自在天稱不動明王為「持明者」或「夜叉」。而夜叉乃是印度民間信仰中廣為人知的一種鬼神。侍奉神明的從屬有善良者，也有惡魔。所謂「持明者」即指保持「明」，亦即保持咒文者，它是指神明的使者。其如西方童話故事中的妖精一樣會施魔法。在佛教、婆羅門教、耆那教的故事文學中亦有粉墨登場。

「持明者」照字面的意思來解釋乃「保持咒文者」之意，亦即是指學者、宗教家、魔術師等專家。在此說話中，大自在天稱不動明王為持明者，此乃祂是佛陀的使者，也是會施魔法的人之故。在密教中，經常用到持明者之語，而不動明王與降三世明王均屬於胎藏界曼荼羅的持明院。所以最好把明王當成持明者的代表。

不淨金剛

據說，在此所說的不淨金剛即是烏蒭沙摩明王，其專善處理不淨。由於大自在天化作不淨之物，所以，不動明王就化作不淨金剛來吃盡不淨物。前述的不動尊十九觀中的第十三（吃行者的殘食）也與此說話有關。不動尊即便遭遇不淨物也一點不覺困擾。

在此說話中，稱不動尊為諸佛之王是很重要的。不動尊按照自己的誓願而化作卑微的奴僕之形，實際上祂乃是位於所有佛陀之上的「主」、「尊」。是故，祂可隨意殺或使三千世界之主——大自在天復活。此外也可以授予將來佛之封號。

大自在天是濕婆神

密教聖典經常載有大自在天的事情。其相當於梵語的摩醯首羅，而別名為商羯羅、伊舍那、嚕捺羅、魯達羅。其妃之名為烏摩（如『大日經疏』第五卷、第十卷等）。不容混淆地，這便是印度教的濕婆神。在漢譯大藏經的密教部並沒有記載濕婆之名，但在『大教王儀軌經』第一卷（大正藏一八・五九一上）的「大自在」中即有此名。

出現在吠陀讚歌中的嚕捺羅神乃是破壞之神，祂以弓矢使所有生物痛苦、殺害所有生物，並帶來不幸，但是祂也會賜予生物恩寵。這令人恐懼的神在吠陀後期的文獻中被譽為濕婆（施恩者）之美名，不久又擁有了嚕捺羅神之別名。其後則以濕婆之名而為一般人所熟知。這個神有許多別名，其中，商羯羅和濕婆同樣都是「施予恩寵者」之意，亦是寬宥恐怖之神的意思。濕婆神被認為是，在破壞世界之後，又再次創造世界的最高神。亦即，祂是「支配者」。此外，又被稱之為伊舍那、摩醯首羅。摩醯首羅的漢譯名稱是「自在天」，在其上方附加「大」後則稱為「大自在天」。

濕婆神原來是帶著弓矢奔走山野的狩獵之神。亦被稱為「獸王」。在宗教的圖像中，還將牛或水牛與大自在天畫在一塊。濕婆神也是瑜珈行者的守護神，其身沾上苦行的灰。額頭中央有第三隻眼睛，這是祂的特徵。其激動的神情、揮動手腳活躍起舞之姿亦廣為人知。濕婆神和烏摩妃亦經常同時出現在圖像中，其象徵著生殖。信仰濕婆神者亦崇拜如男性生殖器官的石像。

不動尊征服了濕婆神——亦即大自在天，並使佛教的信仰再生（同樣的說話在『大教王經』第九卷——大正藏一八・三七二中則載為金剛手菩薩的業績）。

記載於密教聖典中的大自在天乃是印度教的濕婆神。但是，明治時代有一部分的學者則認為不動尊的原形是濕婆神。由於當時缺乏印度教的知識，而且密教聖典的比較研究也沒有進展，所以部分學者說出這種話也不覺得奇怪。但是，直到現在卻還有人相信這種說法，就叫人大吃一驚了。某一位佛教美術學者最近在其發表的文章中提及：「我一邊想著可以在此看到形似不動明王的濕婆神，一邊參觀印度的印度教寺院……，可是卻沒有看到可以視為不動明王像原形的濕婆神像。」我認為他即使要開玩笑也應要斟酌一下。此外，還有一位著名的哲學家說：「佛教中有狄俄尼索斯神（酒神）。不動崇拜即是此神。」這根本是完全錯誤的說法。在孔雀王朝時代，有一位駐留在印度的希臘大使將舞姿的濕婆比喻成希臘的狄俄尼索斯神（酒神），是此而留下了記錄。但這則記錄只是比喻而已，事實上，不動尊與此無關。如字面的意思一般，不動尊是保持不動的姿態入禪定的。也就是說那是屬於阿波羅型。諸君千萬不要被那些輕率的學者們所說的話迷惑。

由於前載不動尊的第七型為：有三眼，手拿弓箭，站著跳舞，所以，在此可以確定的是，不動尊與濕婆神有共通之處。這些共通點乃是不動尊的基本型之外附加上來的要素。其與不動尊的本質無關。由於說到第七型不動尊的『瑜珈大教王經』、『十忿怒明王儀軌』均是十世紀左右法賢所翻譯的，所以其比不空三藏又晚了二百年以上。大概是在這段期間內，印度的密教採用了濕婆教的要素吧！西藏的不動尊在額頭上有第三隻眼睛，而且大多都是立像，其中也有踩在群眾上的像。這大概是受了破壞神濕婆的影響吧！以前都未曾見過。西藏的密教比弘法大師所流傳下來的密教更晚，故屬於後世。這一定要加以區別。

印度的不動尊信仰

無庸置疑地，不動尊信仰源起於印度。在文獻中，如上所述的漢譯聖典及西藏語聖典的資料均是由印度的原典翻譯過來的。保存在日本及西藏的圖像基本上來說是一致的，所以很明顯地這些圖像也都是由印度傳入的。

在回教徒相繼侵入之下，到了十世紀左右，印度的佛教已被徹底的破壞。他們視密教為偶像信仰，而無情地加以破壞，所以在印度只有一點點不動尊信仰的痕跡而已。最近在那爛陀出土的浮雕中已確定有不動尊像。

但是，在達拉那達（十七世紀的歷史家）的『印度佛教史』中尚有以下兩則記事：

在同書第三十二章中載有慈慧多利阿闍梨所說的話。他在摩訶婆羅王治世時，於諸國修行。在修行中，他於卡薩魯帕納所看到了寺院的入口處有一座不動尊的忿怒像。他以為那是羅剎鬼，而喪失了信心。但是在睡夢中，他夢見了從佛陀（牟尼王）的心臟裡跳出了許多不動尊，而不動尊們將害敵一一消滅了。其後，他很後悔自己曾對佛陀的教化方式沒有信心，於是在向多羅菩薩祈禱時立誓要著作許多大乘論典以贖罪。後來，他獲得了有名的優俱羅摩細羅佛教大學所頒發的 Pandit 學位，並因說法而博得盛名，且留下了許多的著書。現在，西藏語大藏經中有十四部慈慧多利阿闍梨的著書，而這些著書大多都與密教有關。

此外，在達拉那達的『印度佛教史』第三十三章中還述及如下的內容——

摩訶婆羅王去逝後不久，孟加拉地方的住民曾入侵瑪格達國。當時，威克拉瑪西拉僧院的一位阿闍梨便舉辦一個供養不動尊的大法會，並將其供物放入甘地河，結果敵軍的許多船都被弄得支離破碎。

這兩則記事都發生在九世紀、孔雀王朝的初期。優俱羅摩細羅僧院是在八〇〇年左右創立的，該處的佛教大學乃是全印度的最高學府。由這兩則記事中可以了解到當時印度的不動尊信仰實態。

九、印契和眞言

不動尊的種子

曼荼羅中的諸尊——佛、菩薩、明王、天部——分別都由一個梵語字來象徵，這叫做種子。日本的密教家一般都寫做種子。種子是古代印度以降的習慣，其起源亦見於『阿闥婆吠陀』中。吠陀的宗教諸神之名均得以一個梵語字來代表。此外，特定的讚歌甚至儀式，也都得以一個梵語字來代表。由於一個梵語字中包涵著複雜的內容，所以，稱其為「種子」。婆羅門教諸神的種子大多是以 m 為結尾。比方說 Srīm 即指吉祥仙女之意。種子的神秘、深奧之意義是秘傳的，是應由師父傳授給弟子的。

密教也是一樣的，其種子含有攝持和引生等兩個意思。猶如植物的種子中含有根、莖等一般，一個梵語字中含有無盡的意義，是謂攝持。此外，猶如種子會長出根、莖等一般，種子會產生無限的功德，是謂引生。經由種子得以開悟佛陀之智，是謂了因。因種子會現出三昧耶形（象徵本誓的手持之物），是謂生因。因具備本來的自性，故謂本有。要言之，一個梵語字中含有無限的意義。

不動尊的種子是憾（hām）、鉿（mām），或憾鉿（hmām）。這是不動尊真言

（咒文）最後的文字，而其大多是用「憾」這個字。梵字的寫法是 𑖮𑖯𑖽 。行者應一邊想著這個字，一邊念著不動尊。是即應融合音韻、文字與象徵的意義來觀想。

道場觀

在前文中已經說明過的淳祐之『不動尊道場觀』中說到——

「結法界定印、閉目而運心觀想。在壇上有 𑖮𑖳𑖽 字，此字變成了瑟瑟座；座上有 𑖮𑖯𑖽 字，此字變成了銳利的智劍。智劍變成了極大忿怒聖者不動尊。」

行者盤腿（結跏趺坐），左手掌向上放在膝蓋上，右手掌也向上而放在左手掌之上，兩手重疊，且使兩手的拇指接觸，這即是法界定印。以此姿勢閉目瞑想如下所列之順序者——

首先想著壇上有 𑖮𑖳𑖽（hum）這個字，這個字變成了台座；在台座上又出現了 𑖮𑖯𑖽（hām）這個字，這個字變成了智劍，智劍則變成了不動尊。其中，𑖮𑖳𑖽（hūṃ）通用於諸尊，乃是基本的種子。弘法大師還著作了一本『吽字義』來論述這個字的密教意義。hām 乃是不動尊的種子。

在如是觀想後，則結如來拳印。此印即是，將右手的拇指戳入掌中，然後握起拳頭，接下來則豎起左手拳頭的拇指，並將其戳入右拳中。用此如來拳印加持行者身上的七處地方（雙膝、雙腕、雙肩、額）。

其後結不動尊的十四印契，並唱唸真言。在此首先介紹一下印契。

印契

藉由手或一個個指頭的動作來表示意志，這是人類所通用的。古代印度人除了將其用於日常動作之外，還將其用於宗教的祭拜上。一般稱此為「印相」、「印契」（也有「印章」、「印鑑」之意）。有時得以指頭來表示具體之物，但大多是表示象徵之物。合掌是表達敬意的最一般之印契。印契除見於佛像上外，亦用於舞蹈的技能上。

密教因本尊之不同，而定有各種印契，行者則藉由結印契來供養本尊，而與本尊成為一體。前述的定印乃是禪定（瞑想）的印契。

不動尊的十四印契

不動尊有以下十四印契。此十四印契亦稱為十四根本印，其詳細之結印契情況一定要經由師傅；同時，某些細節問題亦各有異同之處，在此僅概略說明。

第一、根本印。十四印契中的第一乃是根本印。其亦謂獨鈷之印、劍索之印。這是以兩手之指在掌的內側組合（此謂內縛），豎起兩手的食指，並將其指尖合致，然後兩手的拇指再戳入無名指之印。

第二、寶山印。同第一之做法，然後交叉八指，並將拇指戳入拳中。

第三、頭密印。握兩手的拇指成拳，右拳向上，左拳向下重疊在右拳之上。

第四、眼密印。同第一之做法，然後交叉六指，將拇指握在拳中，並豎起兩手的食指，使指尖合致。

第五、口密印。將雙手的小拇指向內交叉，然後，兩無名指壓住小拇指交叉處，豎起兩中指，接下來則將兩食指各自壓住中指的指甲，兩拇指壓住食指。

第六、心密印。合掌稍離掌中心，並以拇指壓住食指。

第七、四處加持印或甲印。合掌豎起兩手的小拇指、中指、拇指，並將指尖合致，而彎曲後面的四指。

第八、師子奮迅印或惡叉波印。照前印之做法，然後左右張開並豎起兩食指。惡叉波乃「古龍」之意。

第九、火焰印。以右手的拇指壓住中指、無名指、小拇指的指甲。攤開左手的五指，並以右手的食指指向左手中指的底節。

第十、火焰輪止印。兩手握拳，拇指穿出食指、中指間，並將兩手的拳背合致。

第十一、商佉印。兩手均以拇指壓住小拇指和食指，使右手的食指第二關節與左手的小拇指第二關節接觸，然後以右手的中指指尖壓住左手中指的第二關節。右手的食指彎曲而附於中指的指背上，然後使左手的食指直立。由於商佉乃是法螺貝，所以此印又被稱為法螺印。

第十二、渴誐印或劍印。各豎起左右雙手的食指和中指，然後以拇指壓住小拇指和食指的指甲。以左印為鞘，右印為刀，將刀拔出（入）鞘。結此印，唱唸慈救咒（後述）。這是在日本最為人所知的印和咒。渴誐（khadga）乃劍之意。

第十三、羂索印。以右手的拇指壓住小拇指、食指、中指，豎起食指，並以左手的小拇指、無名指、中指握住食指，並以左手的拇指、食指的指尖接觸且結成環。此為不動尊的羂索之形。

第十四、三股金剛印。以右手的拇指壓住食指的指甲，然後豎起後面的三指，而結成三股杵之形。

這些印契分別屬於各個真言（咒文）。

本尊觀

待道場觀結束之後，則再次結定印入本尊觀。「其眼如眠，稍開而視。此乃入定之相。入火生三昧，自身成為不動尊。本尊與我乃是一體的。即以十九種布字觀此。」

眼睛微開，入禪定，和不動尊一樣入火生三昧。行者與不動尊成為一體。這就是「入我我入」。本尊入行者之中，行者入本尊之中。

行者在自己身上的十九處一一配置既定的梵字，並以右拳來確定該位置，是即十九布字觀。如此，行者本身即變成了不動尊、結根本印、做十九觀。

亦即，從不動尊是大日如來的化身做為開始，到最後其變為二童子，而供行者使役為至，即是十九觀想。由於十九觀已經在前面說明過了，所以在此即予略去不談。

如上所述，從道場觀到本尊觀的經過，叫做觀想或觀念。這是迎接、款待本尊之意，亦是供養本尊的意思。供奉供物是「事供養」，而純粹的觀想則叫「理供養」。此外，觀想也是一種修法——宗教儀式。

大體而言，所有的修法均由身、口、意等三業所構成。行者應身結印、口唱真言、意觀念本尊。其中所言之印契已經在前面說明過了，以下則述及有關真言之種種。

真言

佛教的「真言」、「明」及「陀羅尼」的意思差不多是一樣的。這些亦均可謂為「咒」、「咒文」。以梵語來唱唸。由於在簡短的文句中即含有無量的意義與功德，所以無法翻譯，即使是翻譯出來了也沒有效果。

「真言」的原語是曼怛羅。在婆羅門教中，稱古老的吠陀聖典之文為曼怛羅。亦有稱由聖典中選擇特別神聖的短文為曼怛羅，在讚美眾神時，勤行中可以反覆唱唸之。這些短文含有無量的功德。曼怛羅亦可稱之為「明」、「明妃」。曼怛羅中最短者乃是「唵」，其中包涵著所有的音韻，故可謂為所有曼怛羅的總彙。

曼怛羅在印度的民間信仰中被用於咒。唱唸曼怛羅可以避災厄、促進幸福。據佛教故事集所載，「征服世界的曼怛羅」、「理解所有動物語言的曼怛羅」、「可以發現埋藏財物的曼怛羅」、「使死者重生的曼怛羅」、「使過時果實結果的曼怛羅」等在紀元前就曾進行過。

「明」原來的意思是「知識」，尤其是宗教、醫學、咒術。由此而演變成「咒文」之意。在前文中我已說明過，知「明」者謂之為「持明者」；其代表為「明王」。

「陀羅尼」尚有「總持」之譯語。其為總括許多意思及功德並保持之的意思，亦指彙集長經文之要點的短文，一般稱其為咒文，而用之於避蛇、害蟲、猛獸與治病等方面。

真言、明、陀曼尼被當做咒文來使用，而其大部分是所屬於特定的佛陀、菩薩、明王、天部。

不動尊的真言

據知不動尊的真言有大咒、中咒、小咒。

大咒又謂火界咒：

（印度流之發音）namaḥ sarva-tathāgatebhyaḥ sarva-mukhebhyaḥ sarvathā traṭ caṇḍāmahāroṣaṇa kham khāhi khāhi sarva-vighnam hūm traṭ hām mām.

（漢字譯音）

曩莫薩嚩怛他蘖帝毗藥、薩嚩目契藥、薩嚩他怛羅吒、賛拏摩賀路灑拏、欠佉呬佉呬、薩嚩尾勤喃、吽、怛囉吒憾鉿。

其意為，一切的如來、一切之門、一切都復活吧！暴惡，大忿怒者呀！吃吧！吃掉一切的障礙吧！

其次，中咒亦謂慈救咒：

（印度流之發音）namah samanta-vajranam canda-mahārosana sphataya, hūm trat hām mām.

（漢字譯音）

曩莫三曼哆跋惹囉　嚩戰荼摩訶嚧沙拏　沙叵吒野　吽怛囉吒　憾鋡。

其意為：普遍的諸金剛復活吧！暴惡大忿怒者呀！破壞吧！

這就是最廣為人知的不動尊真言。在『大日經』中也差不多是以同一類出現。

小咒即是省略中咒中間和最後一個字，而僅唱出「namah samanta-vajranam ham」。這也在『大日經』中出現。

用於不動尊修法的真言除此之外還有其他。其一一均與特定的印契相結合。有權威的阿闍梨只將其真言及印契傳授給他們認為有資格的弟子，而這種傳統很受重視。大多數的人只知其形式，而不了解其中的意思，故在此以內容樣本來記述其概要。

十、本尊供養

供養

對著本尊唱唸真言是為念誦。如果在念誦的同時，手結印契、意觀念本尊的話，就會與本尊成為一體。這就是身、口、意三業，亦是三密相應。簡單來說行者招待本尊，並把本尊當成客人比較好。這便是供養（pūējā）。如右所述的三密相應被稱為理供養；而以閼伽（供奉本尊的水）、塗香、花等供物供奉本尊則叫事供養。理供養是密教特有的，而事供養，至少從形式上看來是與婆羅門教相通的。

在古印度，早在紀元前五百年左右，民眾就有拿著供物到社廟參拜的風俗。從紀元左右，便興起了神像的參拜，而供養在婆羅門教中也成為了必要的儀式。其供養即是指，供養食品、花、香、衣服給本尊，或為本尊沐浴。而在節日把神像放在花車上扛著走也是供養。

對於虔誠的婆羅門教徒而言，在日常的家庭生活中也不能欠缺供養。家長、主婦或小孩每天都要在一定的時間奉上供物祭拜本尊。在富裕的家庭中，還會特別僱用職業的婆羅門。其參拜的對象即謂本尊（Iṣṭa-devatā）。此乃「隨己之意而思定的神」之意。現在，印度教信徒們大多都奉歡喜天（聖天）為本尊。本尊是參拜的對象，同時也有必要是信心的焦點。藉由觀念本尊，可以達到統一精神、浸浴在虔敬之思的境界。

以佛教為例，在釋迦牟尼在世的時候，人們參拜佛陀；在其圓寂之後，人們則祭拜其遺骨（舍利），並建塔供養。不久之後，則造佛像，而祭拜各佛、菩薩、明王、天部。信徒由其中選擇本尊，這點倒與婆羅門教相同。在日本，人們則習慣把安置在寺院大殿中央的佛像當做本尊。其原意是，信徒們在自己考慮之後，把信仰、參拜的一尊視為本尊。

密教的本尊

一般而言，我們都認為自己的能力有限，所以會求助於本尊。這是正確的，不過，卻還是相當淺略的想法。實際上我們的能力的確有限，而且有許多缺點。如果我們真的確實只有如此，那麼，任誰想救也救不了了。

事實上，我們都懷抱著理想，而我們的內心中埋藏著無限的可能性。本尊並非存在於外，而是在我們的內心之中。祂能夠開發、實現我們本身所具備的可能性。弘法大師在『般若心經秘鍵』中說到：

「佛法非遙，心中即近，真如非外，棄身何求，迷悟在我，則發心即到，明暗非他，則信修忽證。」

此外，弘法大師在『秘藏記』中又說到：

『本尊與我無二無別（是一體的）……已成、未成的（過去和將來的）諸佛與我是一體的……諸佛若遍法界（遍及整個宇宙）之身，我身則在諸佛身中。我身若遍法界之身，則諸佛之身在我身中……』

根據上述所言，本尊並非外求的，而是在我們內在的本來自性清淨之心。根本而言，此心的本性是清淨的，但後來卻因迷執而為現實的煩惱所污染。實際上，沒有任何一樣東西比我們的心更珍貴的，故而，這才是真正的本尊。

『秘藏記』中記載著——

「我們本來的自性清淨之心在俗界、宗教的世界中乃是最勝、最尊者，故而叫做本尊。同時，已成的佛（已經成為佛陀者）之本來自性清淨之理在俗界、宗教的世界中乃是最勝、最尊者，故而叫做本尊。佛與我是一體的。」

但是，一體並非只是指已成佛陀者與行者是一體的，具有成為佛陀之可能性的芸芸眾生也是一樣的。故而他又說到——

「芸芸眾生身上的本來自性清淨之理在俗界、宗教的世界中，都是最勝、最尊的。我、佛及一切眾生均為一體。此為三平等之心。」

在前文中我已說過，行者經由手結印契、口唱真言、意觀念本尊，得以和本尊成為一體。若再加上一切眾生的話，我、本尊和一切眾生這三者，在本來自性清淨方面便成為了一體。三者是一體、是平等，即是本尊的意義。

在此，芸芸眾生亦加入了被認為是本尊和行者間的關係的修法——本尊供養中。甚至自己無法理解三密相應的密教高深之理論，一般的信徒若跟著行者修法，亦可蒙受本尊的保祐。

信徒們信任置於己身之外的本尊之加護，且經由列席行者的修法可以加深信心，並在任何時間都可以找到存在於己身內的最勝、最尊的本尊。是故，密教認為率直且單純的大眾信仰乃是當然之事，且更進一步地建議信徒們唱真言、記住印契之形、不要怠忽早晚的修行。

如此，邁向最高真理的認識之路便會為你而開。從表面很膚淺地觀察密教者，也許只能發現其中近乎低劣卑俗的信仰形態。密教未必否認如此的要素。所有的一切都被認為是邁向菩提（佛陀之悟道）的里程。

誓願與加持

曼荼羅諸尊的本體乃是法身佛——宇宙精神。包容萬物，即是宇宙本身的法身佛原來乃是無相（不具形相的），且超越所有思想與語言而存在者。為何認為無相的法身佛即是有相（具有形相者）的本尊呢？在『底哩三昧耶經』上卷（大正藏二一・一三上中）內載有與此有關之述言：

「無動明王此是如來法身，以大願故無相相中現是相，護一切真言行者。若能常念，能離一切障也」。

不動明王的本體是法身，究其根本而言，那是無相的。但是在祂成佛之前，祂曾立誓在祂得道之後，要守護實踐真言之道的信徒。是故，如果常念不動明王，行者便能在本尊的加護之下克服一切的障礙。

我們都擁有本來自性清淨之心，卻因自己不知道而陷入迷惑之中。如果我們拾起信心，皈依本尊的話，本尊便會履行自己的誓願，經由真言及印契來加持我們、護念我們。藉此加持之力，我們便能領悟到自己的本性。加持在密教中乃是非常重要的。

在『秘藏記』中有以下的一段記錄：

「加持之意，加即諸佛的護念。持即我自行。舉個例子來比喻加持，其如以父之精入母之隱。因母胎藏能受持使種子生長。諸佛以悲願力，放射光芒，護祐眾生。謂此為諸佛的護念。因眾生的內心與諸佛的加被、感應之因緣，眾生得以發心、修行。此謂自行。

眾生的內在即具清淨心，故蒙受本尊的加護、護念，便得以發心、修行。加持即梵語的 adhisthāna，其意為「賦予影響、支配」與「受持、持續」。這是以漢字來分別說明加和持。俗語所言的加持本來就是這個意思。本尊為履行其誓願，而以護念之力加諸修法的行者之上，即謂加持（亦即大慈悲心與信心）。

所有的修法均與加持有關。前文中說明過的唸誦法——結印契、唱真言、念本尊，及供奉供品的事供養等，都是密教的修法，但最為重要的修法是護摩法。這是淵源最為久遠，而至今仍受重視的修法。

十一、護摩

不動尊和護摩

不動尊的修法有唸誦法與護摩法等，以及以其他諸尊為本尊的護摩。然一說到不動法就好像說到護摩一般，不動尊與護摩有密不可分的關係，所以在此概略說明一下護摩。

護摩來自梵語 homa 的譯音，其意為：「將供品投入火中，獻給神祇」。在印度，早在紀元前一千五百年以前即已舉行過這種宗教儀式，而類似的火供儀式也早已成為其他許多古代民族的風俗習慣。人們把自己生活上所必須的飲食投入火中，獻給諸神與祖先之靈，藉以撫慰祂們，而欲得到祂們的恩惠。以下即溯及印度護摩的起源，並考察其與密教結合的經過。

吠陀的宗教

據推斷，雅利安民族在紀元前一五〇〇～一二〇〇年左右，自阿富汗越過印度山系侵略旁遮普地方。經過了數次的侵略之後，其征服了先住民族，抑或一邊同化一邊漸向東進，而後成為印度大陸的代表性民族。

雅利安人是狩豬＝牧畜民，他們以牛為財產，並好戰鬥。此外，他們為了得到戰爭的勝利、自然的恩澤，而以供品祭拜諸神。祭拜的儀式（yajña）很複雜，而且還需要專業的祭官。祭官乃世襲之職，其家族則被稱為婆羅門。祭拜的儀式有許多種，其中最具代表性的便是護摩。即將供品投入火中，藉以祭拜之儀式。

經常被用到的供品有牛乳、乳製品，尤其是精製的奶油（酥）。麥、米等穀物則大多會做成糰子。有時還會獻上香料、座席和衣服。還有把動物當成犧牲的。其中最常用的動物是山羊，不過，牛、驢馬、犬也會用

釋惟勵法師主持之護摩儀式（一）

釋惟勵法師主持之護摩儀式（二）

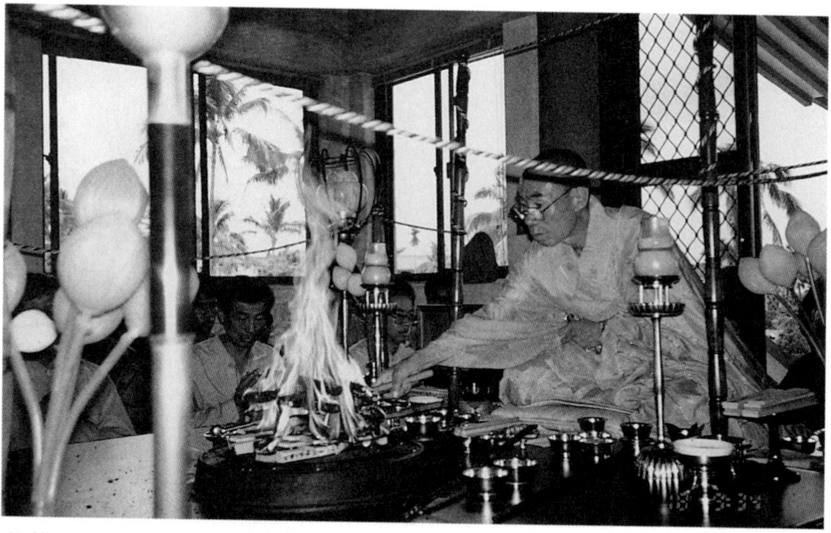

釋惟勵法師主持之護摩儀式（三）

到。在文獻中還記載著以馬為犧牲的大規模馬祠。

但是，一般多是供奉乳與植物。原則上供品是給神吃的，但是，也有給神官吃的。很久以前就有付諸水流、撒向天空、埋入土中等方法，但投入火中的做法最為普遍。吠陀神話中，稱火神為火天，而認為火天就是人與神的媒介。

吠陀上的護摩

吠陀的祭拜儀式是以火為中心。在家中或家的附近常設有祭場。西側所設置的圓形火爐叫做「家長之火」，這就是象徵著家的不斷之火，而其他的爐火則由此移出。東側所設置的正方形火爐叫做「供儀之火」。祭壇則設置在中央稍偏東的地方。祭壇近似正方形，其四邊彎入，四角成銳角。其內側稍陷，並舖草及放置供品，因為人們相信諸神降臨時會坐在這裡。

祭壇的西南，即「家長之火」的東南，有被喚之為「南火」的半圓形火爐。這是將供品獻給死靈、惡靈的地方。家庭式的祭拜儀式由家長來執行，而公開的祭拜儀式則邀請專業的婆羅門來執行。包括每天早晚的供養在內，人類一生中所舉辦過的儀式、國家的祭典，大多都是以火的供養為中心。這構成了婆羅門教甚至印度教儀式的重要部分。

吠陀上的咒術

在吠陀讚歌的注釋書——發展思想方面的奧義書文獻以及記載生活規範的修多羅文獻中，咒術更為複雜化。而後世的 Purāna 文獻、怛特羅文獻中則記錄了許多咒術的實例。龐大的文獻適足以反映民眾的實際信仰。

在紀元前一四〇〇年左右成立的『阿闥婆吠陀』中載有如下幾種咒法：

一、延命法。延長壽命之法。
二、醫療法。可以治療疾病、驅離狐妖鬼魔。
三、調伏法。對魔怪、魔法師、怨敵的詛咒。
四、女事法。使戀愛得以成功之法。
五、和合法。得他人同意協力之法。
六、增益法。得幸福、繁榮之法。
七、王事法。有關王權之法。
八、婆羅門法。有關婆羅門權力之法。
九、贖罪法。祈求犯罪得以赦免之法。

這些咒法當中，調伏法（ābhicārika ＝阿毗遮魯迦法）和增益法（paustika ＝補瑟致迦法）二法的名稱一直延用至後世，亦為佛教的密教所採用。此外，延命法、醫療法則被合稱為息災法（śāntika ＝扇底迦法），女事法、和合法則被合稱為敬愛法（vásīkarana ＝縛施迦羅法）。這些咒術亦為後世的婆羅門教、印度教以及密教所繼承。如是，息災、增益、調伏三法，或再加上敬愛法而成為四法的咒法，乃是歷經了二千四百年的印度民族信仰。

何謂加持祈禱

加持祈禱乃是真言密教特有的語彙。我想「祈禱」的意思大家都知道，那麼問題便在「加持」了。加持乃是印度的古語，在密教的經典、論疏中均曾出現，而其含有許多意義。將加持的意義解說得最好的則是宗祖弘法大師。在他的名著『即身成佛義』中有如下的說明文句：

「加持乃是在表達如來的大悲與眾生的信心。佛日之影出現在眾生的心水中，即謂「加」；行者之心水可以感受到佛日即為「持」。」

藉由這段說明大家應可了解，加持的加即是指佛陀的大慈大悲加諸於眾生之心，而持是指眾生深具信心、坦然接受佛陀的大慈大悲。若要打個比方的話，則猶如月影移映於水中，而月與水成為一體般。本尊不動明王的大慈大悲之光明移輝於不動尊信徒的信仰之心，而使信徒的心與明王的慈悲光明合而為一，是即「加持」。弘法大師在其他的場合也曾說過加持乃相應之意。相應乃是印度語的譯音，其意為佛陀與信徒成為一體。感應則是其同義語。信徒感受到佛陀大慈大悲之加被力，即是感；佛陀應同信徒的信心，即是應。

也就是說，加持和相應及感應是同樣的意思，它們都是表示佛陀和信徒透過至誠之心融合成一體的話彙。

由上述之內容大家應可推知，所謂加持祈禱乃是指：藉由真言密教獨特的法力，祈禱佛陀和信徒融合為一體之意。也就是說，信徒獻上自己的信心，為本尊明王的大慈大悲之光明所包圍，而無我地祈禱。

祈禱是人類生命的慾求

人類為了生存而產生種種慾望。為了能達成這些目的，必須竭心盡力地追求。然而，無論人類如何努力，往往都無法滿足自己的慾望。雖然如此，人類還是會灌注自己的一切智能，全力以赴地達成願望。在以人力能夠滿足慾望時，人們便相信人力可以解決一切。近年來，隨著科學的進步發達，科學萬能的思想幾乎漸漸地支配了人類。是幸或不幸呢？科學卻帶來了始料未及的變數。無庸置疑地，那便是公害的發生。現代人在為公害所苦之後，開始懷疑科學，並且趨向於期待大自然的被澤。也就是說，人類已經從科學萬能的夢中醒來，而追求大自然之力，亦即宗教之道。

人類以自己之力能夠應付自如時，便依靠人力而活；但是，當他們借助人力反而使自己陷於窘境時，便會迅速回頭轉而依賴神祉。如此的急速回轉極為平順，而毫不猶豫，這實在相當不可思議。其實，生命的本身並非是人類的智慧所能推知的，所以當然會令人覺得不可思議。

人類的生命非常微妙，古人曾以「妙用難思」形容其奇妙之程度。人們在飛機場為自己的好友送行時，會毫不遲疑地說：「願你一路順風」；參加入學考試時，會向神明祈禱。這些都已被視為當然之事。這樣的行為在人類生命的過程中乃是日常的當然之事，而不值得特別提出來說；但是，我卻認為在這理所當然的人類行為中，蘊含著生命的意義。

人在可以藉己之力滿足自己的慾望時，便會致力於依賴人力，但是當人類無法以己之力來滿足慾望時，往往會捨棄人力而向神佛祈禱。這時他們便將神佛的法力視為得以主宰一切者。此乃人類生命中的必然現象。

在這個世界上，有的人因為不了解上述之生命的必然性，而一說到「祈禱」

便認為那是迷信。其實，那只是膚淺的想法，是與人類生命的真實而相違背的。

祈禱與保祐

因為一般人祈禱是為了要滿足自己的慾望，所以，他們在乎被保祐與否乃是當然之事。但是，由祈禱的原意看來，僅為祈求被保祐而來祈禱是不對的。祈禱的純粹意義並不止於此，無視被保祐與否才是其本義。祈禱是生命的慾求，亦是生命的純粹行。不能將它誤認為是一般的買賣，而滿腦子都想著有無利益可得。應在無慾的心境之下，純粹為祈禱而祈禱，這便是祈禱的本義。若依循本義而祈禱，反而往往會蒙受神明的保祐。

何謂靈驗

真實的祈禱即是心底唱出「南無大聖不動明王」，同時拋開自己所有的一切，而皈依、奉侍本尊不動明王。這就好像幼兒深愛著自己的母親，而一邊叫著「媽媽」，一邊飛奔至母親的懷中，並以雙手緊緊抱住母親，而無心（即無我）地、安穩地在母親懷中睡著。

真實的祈禱即是將自己的一切完全拋開，而奔回本尊大慈大悲的懷中，並且融入本尊的光明之中。意識到我，而和本尊處於對立狀態的話，就不是真正的祈禱了。真正的祈禱應是在無我的心境之下而為。無我猶如幼兒投入母親的懷抱，是在無條件下，由衷地喊著「南無大聖不動明王」，而投入本尊的懷抱，並融入光明之中。

原本我們大乘佛教的特質即在於完全捨棄自我意識，亦即我執。尤其是真言密教更藉由在自己的本質上，捕捉自己的實體之積極方式，來背離所謂的我執或利己。要人類遠離自己的迷執是非常困難的。有的人信仰法然上人或親鸞上人所開的他力本願，但卻一邊為我執與煩惱所苦，一邊又說其為彌陀的本願所救。我並不能接受這種做法。如果信仰彌陀的本願，並成為南無阿彌陀佛的三昧，我和阿彌陀佛便會成為一體。這時已沒有「我」的觀念，只有機法一體（彌陀佛與我融合為一體），只有念佛。如是，將自己的一切託付給彌陀本願，藉由念佛（念南無阿彌陀佛），即可由煩惱中解放出來，而得以展開法悅歡喜的境界。

對不動尊的信徒而言，信仰不動尊也同樣可以達到這種境界。當以人類之力無法達成時，人類便會轉而借助於祈禱。如果不動尊的信徒們將南無大聖不動明王和自己的一切都拋開而皈依祂的話，信徒們便會為不動尊的廣大慈悲所擁抱，而融入其光明之中，並與不動尊成為一體。

若本尊不動明王與信徒合而為一的話，在日常的生活中便會處處為不動明王的慈悲所庇蔭並受其保祐。這實在是非常神祕、玄妙的事，而非人類小小的腦袋瓜所想能理解。只有徹底而真心的信仰，並與本尊合為一體的信徒才能領略箇中的涵義。靈驗的靈乃是含有奇妙、神祕意義的字，而驗則是「證明」，亦即證據之意。也就是說，奇妙地受到保祐之證據就是靈驗。由於這是沒有信仰的人以一般的判斷方式來判斷，卻無法理解的事，所以，當他們一聽到靈驗，便覺得那是很不可思議的事。事實上，靈驗一事唯有信仰並接觸到本尊之心的人才能體驗得到。

真言密教的加持祈濤

日本境內供人祈禱的場所可說是多得不勝枚舉。除了一般的神社佛閣之外，在第二次世界大戰後，隨著自由的風潮而新興創立的宗教等亦成立許多祈禱的場所，所以，若以「無可數計」來形容日本的祈禱場所，實在是非常適切。但是，如果你仔細且深入地了解其祈禱之內容，則會發現其中各有差別，同時會深深為人類慾望之無限而驚嘆不已。

其中，如果你想追溯真言密教的加持祈禱之源，則必須遠溯宇宙大自然的根本。宇宙究竟是從什麼時候開始的呢?·這是即使運用現代科學亦無法解答的問題。然而，與宇宙的誕生同時開始，並且被視為宇宙理法，使萬物生成發展的廣大無邊之力才是真言密教加持祈禱的核心。

所謂的核心不是別的，而是大日如來的生命，或大日如來的法力。真言密教的加持祈禱始於大日如來，後依序傳至金剛薩埵、龍猛、龍智、金剛智、不空、惠果，然後在弘法大師渡唐時，由惠果和尚傳授給他祕密的加持祈禱法，待其回到日本後，即獲得敕許，而開立真言宗。大師最初在京都的高雄山神護寺設密壇時，還自己雕刻不動明王的尊像，並奉修真言密教秘法的加持祈禱。

在大師之後經歷了一三〇年，時至天慶二年（西元九三九年，平將門討伐之際），真言宗的寬朝僧正奉敕命，奉修朝敵降伏的祈禱護摩供。當時，他便由京都的高雄山捧持著大師敬刻的不動明王遷置在下總國，並在公津旻ケ（現在的成田市）設壇奉修護摩供。當時的不動明王即是成田山現在的本尊。

相信由前文中各位可了解到，真言密教加持祈禱中的護摩祈禱法乃是正統的秘法。加持祈禱是大日如來直說的秘法，亦是具有八祖相傳之傳統的純正妙行。

護摩大導師自幼年的弟子時代即必須開始接受訓練，以便能累積種種的修行，與本尊不動明王之心融合，並入住一體無二的三昧。

換言之，那便是與宇宙根本法形成一體。信徒們也得以藉由宇宙大自然的根本法，尋回本來的清淨性，除去一切障礙。

如前所述，真言密教的加持祈禱是最深奧、最崇高的秘法，故而誠心希望信徒們能夠由衷信仰此崇高之秘法，並且毫不遲疑地將自己的一切拋諸於本尊不動明王的聖像前，且從內心深處唱出南無大聖不動明王、獻上自己皈依的誠意，而飛奔到不動明王的懷中。

佛教和加持祈禱

大體而言，宗教乃是希望能夠使人類避免不幸、增進幸福者。佛教原本也是具有這種意義的宗教。

十九世紀後半，歐洲開始盛行佛教研究。不過，反映當時的唯物論風潮，迎合英國、北歐、德國等新教徒的合理主義，將佛教視為合理的倫理說之傾向很強。根據這些學者的說法，所謂「原始佛教」即是實踐哲學的思想體系，其排斥宗教的儀式——參拜、祈禱、咒法等。隨著時代的迭換，學者又論述佛教已「墮落」，而受到印度教的影響，失去了密教化、純粹性。日本的學者也曾模仿此說，高唱沒有儀式的「原始佛教」才是真實的佛教。

但是，在一九三〇年代，歐洲出現了由最廣泛的視野來研究佛教的學者，其發表了批判前記合理主義的原始佛教學說之論文。大體而言，不可能有不承認宗教儀式的宗教。佛教起初並非倫理而是宗教，我們並不能斷定佛典上奇跡般的記事也是後世附加的。原本信徒們都相信佛陀的超自然能力。

佛陀和事火外道

在許多佛典中都有記載，佛陀釋迦牟尼和祂的大弟子們的神通之力都優於外道。尤其值得注意的是，祂以神通力打敗迦葉三兄弟，使他們三兄弟與其弟子千人改宗的這一件事。

迦葉們是藉事外道——火的祭祀來奉仕諸神的婆羅門。世尊走訪他們時，起初是住在火堂、入火界三昧，並威壓住在那裡的火龍，然後亦以種種的奇跡，而使他們屈服。這段說話載於巴利語、漢譯的『律』中，而屬於佛教聖典中古老的部分。

迦葉們捨棄了火祀的道具而追隨世尊。途中，世尊在象頭山的說法記載於『熾燃經』中：

「所有的東西都在燃燒。眼睛、眼睛的對象、眼睛的感覺及感受都在燃燒。以貪火、瞋火、痴火來燃燒。耳朵……鼻子……舌頭……皮膚……意……所有的東西都在燃燒。正視這個事實，迅速地消除煩惱，而致力於解脫吧！」

這些新弟子們在長年間祭火奉侍諸神，而世尊指導他們要觀察內在之火，了解自己的問題。他們丟棄了祭具，因為他們認為已不需要這些祭具，而且他們也沒有時間去整理那些祭具。但是，他們還是要正視煩惱之火在燃燒的事實。

由事火外道之例即可看出，世尊在說法時會看著對方。祂為了要指導民眾，所以考慮民眾的意向、活用民間的習俗。祂建議民眾至社廟參拜，並且要尊敬宗教家。包含除蛇的咒文在內，任何類似咒法者，只要不違反解脫的目的，在佛教的出家教團中都會被承認。他們也舉行供奉香、花等的禮拜供養。密教在佛教本體中發展乃是理所當然之事。

密教的成立

據推斷，大約在紀元六百年左右，密教的儀軌才被有組織地編輯下來。其不應是受到佛教外的印度教之影響。因為他們的起源是共通的，所以並不是這一方影響另一方。

如前所述，有關印度教的濕婆神（大自在天）是密教的不動明王之臆測，乃是完全錯誤的。除了祂們都是山岳之王的這一點之外，其他根本就沒有任何一個共通點。三眼、跳著舞的不動明王像乃是後世的變貌，並非不動明王的本質。不動明王的性格中也包含了「毗紐神」的要素在內。而且，祂與司法神也有很明顯的類似之處。司法神是手持羂索綁住罪人之後，依法來制裁罪人的王者。就羂索這一點來看，司法神和不動明王、觀世音均有相似之處。

由此觀之即可了解到，將佛教的佛、菩薩、明王視為印度教神格中的一人乃是非常愚昧的想法。在曼荼羅中，天部一定是採用婆羅門教諸神者，但佛、菩薩、明王均為佛教獨自的諸尊。

追根究柢可以探索出佛教具有民眾信仰的悠久歷史。而印度教的諸神亦然。與佛教有諸多類似之處的耆那教也是一樣的。在悠久的信仰歷史中，它們有互相接觸之處，同時也各具不同的文化、社會背景而繼續發展下去。一個宗教絕非是單純地模仿另一個宗教。

不只是參拜的對象，就是參拜的形式也可以說是有共同之處。護摩的形態很類似，但密教的護摩與婆羅門教的護摩有共通點，也有相異處。如果沒有深入理解的話，恐有誤會事情真相之虞。

密教的四種法

古代印度的吠陀宗教被當成婆羅門教組織起來，而成為中世以後的印度教。

護摩的目的在於息災、增益、調伏等三法，或再加上敬愛，而成為四法。密教中，亦有相同的用語，而被稱之為三種法或四種法。有時還會再加上鉤召或攝召法，而成為五種法。這第五法經常被含括在敬愛中。

『大日經世間出世間護摩品』中有述及息災、增益、調伏（＝降伏）之三種法；『火吽供養儀軌』中述及四種法；『建立曼荼羅護摩儀軌』中述及五種法。由於弘法大師是說四種法，所以在此即根據弘法大師所言來說明之。

所有的災厄均因具有發生的理由而發生，其根源即是業。切斷天災地變至個人的病難、火難等各種災厄之根源的方法便是息災法，此法現在也已被廣泛使用。其火爐要用圓形的。

祈求國運昌隆、資產增加、事業成功、順利發跡之法乃是增益法。其火爐做成方形的。

調伏法乃是驅除惡魔、惡鬼，平息怨敵，排斥惡事之法。其火爐之形是三角形。

也有將敬愛（亦有寫成慶愛者）與攝召視為一體的。這是祈求他人的尊敬愛護、祈禱得到神靈援助之法，其用蓮華形的火爐。

四種法的火爐可說是形異，亦可說是壇形異，但實際上是在方形壇的中央放置圓形的火爐，並順應各種不同的目的，而在火爐中分別放入圓形、方形、三角形、蓮花形之模型。

依據『火吽供養儀軌』所載，施息災法時，面向北，而爐採圓形；施增益法時，面向東，而爐採方形；施調伏法時，面向南，而爐採三角形；施敬愛法時，面向西，而爐採八角形，如蓮華葉般。弘法大師的『秘藏記』之說差不多與此一致。

將此與前記之吠陀三爐比較一下即可確知，西方的家長之火是圓形的，其相當於密教的息災法及敬愛法之爐；東方的供犧之火是方形的，其相當於增益法之爐；南火相當於調伏法之爐。南方乃是惡魔、惡鬼的方位。半圓形也許會形成三角形。此外，也可理解家長之火的圓形變成了圓形及八角形。吠陀和密教儀軌的成立應該相差了二千年以上。

護摩的區別

婆羅門教的護摩原本是將供品投入火中獻給諸神之意。火——或火神——具有將供品傳達給諸神的任務。但是，在密教，供養本尊乃是行者與本尊的三密相應之意。再者，因為再加上芸芸眾生，即可體驗三者平等，所以在護摩中將供品投入火中的同時，一定要體驗其內在的意義。

前文中已經敘述過了事供養——將供品獻給本尊——和理供養——精神的交流——應同時進行。而護摩也一樣有事護摩和理護摩之區別。一般稱之為外護摩和內護摩。

由外表來觀察，外護摩看起來無異是單之將供品獻給諸神，但是實際上與此平行的行者之內在體驗乃是非常重要的。沒有伴隨著內護摩的外護摩不能說是密教的護摩。因為密教也很重視形式，所以不能允許輕忽外護摩之形。

理護摩

內護摩是精神的體驗，它可以說是以智慧之火來燃燒煩惱之薪。但是，不只是燃燒煩惱而已，還應更進一步地藉由智慧之火來實現菩提心——開悟之心。行者經由火來供養本尊，而邁進入我我入的境地，並和芸芸眾生一起成佛道，此乃內護摩的意義。

『大日經秘密曼荼羅品』中說到：

「護摩有二種。即所謂的內與外。其能自業與生中解脫，復得再生芽種。以其能燒業之故，是為內護摩。」

人類因迷執而反覆生死輪迴，乃是導因於自身的業。經由以護摩之火來燃燒，即可由業及未來之生中解脫。燒盡業之後再生的是菩提的種子。

此外，同經的「世間出世間護摩品」中說到：

「世間的護摩即是外（護摩）。內護摩與此不同，其為滅業而生。其由意所構成。滅色、聲等。眼、耳、鼻、舌、身由意而生，住在心王。此乃生自妄分別。有菩提心。藉不動的智慧來消滅境、眼等和風火，以意之火燃燒之。這就叫做內護摩。藉此為你們解說。」（源自西藏語譯）

事護摩

外護摩剛開始與其他的修法相同，在結界（清道場）、道場觀、供養（獻上閼伽水、塗香、華鬘、燒香、飲食、燈明）之後，行者即進入火天的三昧邀請火天，然後進入本尊的三昧邀請本尊至火爐，使行者與本尊成為一體而做護摩供養。亦即，供養者與受供養者是一體的，而被用於供養的供品和上述二者也是一體的。

外護摩的作法基本上來說是一樣的。自弘法大師傳護摩法以來，東密和台密間均產生許多流派，而各流派在細部方面都與所傳有點出入。有的是因前記的息災、增益、調伏、敬愛等的目的不同而有差別；有的是本尊的區別；有的在構成上有一段乃至八段之差。比方說，成田山新勝寺是奉不動尊為本尊，而進行以息災為目的的五段護摩。

五段護摩

在此法式中，於做過道場觀、本尊觀、理供養、事供養等作法之後，通過五段即可修護摩。五段即火天段、部主段、本尊段、諸尊段、世天段。通過五段後，則將乳木（護摩木）架在火爐、井桁上，然後點火並將供品投入火中。

此護摩的部主是降三世、本尊是不動尊。諸尊乃是包含大日、阿閦、寶生、無量壽、不空成就的五如來在內之曼荼羅諸尊。最後則供養十二天、七曜、二十八宿等的世天（諸神），然後結束護摩供。

乳木之數依各段而異，但在第三本尊段要燒一百零八根乳木。供品為酥油、飲食、五穀、切花、丸香、散香、藥種、加持物等等。

不動護摩的意義

就其起源來說，護摩可以說是火的祭式。對原始人來說，火是令人恐懼的東西，但同時也是廣被恩澤之物。燒盡萬物的反義則是培養生物、豐裕人類生活。

此外，火可以淨化東西，而成為神與人的媒介。將供品投入火中獻給神祇，乃是為了祈求扭轉不幸、帶來幸福。古代印度人的智慧即表現於吠陀宗教上。佛教賦予了印度人更深一層的內省機會。經由密教，而使火的祭式又具有了內在的意義。密教的護摩可以使一般大眾感到心安，並為他們帶來人生的希望。因護摩的因緣而接近密教者，如自省內在、超越目前的利害關係，則致力於永恆真理的機緣將會到來。

不動尊被選做護摩的本尊是依據火生三昧的本誓。不動尊信仰自古代印度以來即深深地打入民眾的心中。由弘法大師導入日本的不動尊信仰在很短的時間內即已融入了國民生活中，並藉由護摩的修法使其與國民更為親近。

在本書的開始我即已提到不動尊信仰是寬容的，是可以包容所有人的。心浮氣躁地來參拜也好，向不動尊提出任何願望也好，都不會造成彼此間的隔閡。其不問參拜者的動機如何，只要其接近信仰就好。有的人因單純的信心而得救；有的人則致力於許願；有的人嘗試著斷食修行；還有的藝術家有感於不動尊像之美，而在護摩之火中淨化心靈；此外，有的哲學家則參拜不動尊的有相之姿，而觀照在移行的護摩之焰的彼方有永恆不變不動的無相絕對者；有的實際活動家則是因為感激不動尊的奴僕本誓，而為社會、為眾人服務。只有不動尊才能使他們的心靈感到安適。

不動明王信仰

後記

後記

不動尊信仰與宗派、教理等無關，但其卻廣泛流行於日本。除了不動尊的靈場之外，在城鎮、村莊中也有許多寺院、佛堂以不動尊為本尊而供養之。從國寶級的雕像、圖像到粗糙的石像皆有。其信徒層也很廣泛，足可謂網羅了社會各階層人士。

就歷史的角度觀之，弘法大師空海在八〇六年回到日本時，首先傳入了密教與不動尊信仰。其後又在宮中及貴族間進行不動尊修行。同時，經由僧侶、修驗者們的出出入入，而使不動尊信仰遍及全國。關於這一點，由許多文獻及殘留在各地的尊像即可明瞭。武士、村民、農民、漁民等亦信仰不動尊以迄於今。

儘管說這已經是非常明顯而不爭的事實，但是迄今述及不動尊、不動尊信仰的書卻不多。『大藏經』中保有非常豐富的資料，同時也收藏著前人的專門性研究資料，但是對一般的讀者而言卻太過艱澀難懂。在日本文學中，也可以找到許多不動尊的記事，但是這些資料都還沒有經過整理。

本書則欲彌補此一缺點，而以一般人能夠理解的方式來敘述不動尊及其信仰。在第一章中，我概略跟大家說明了一下日本的不動尊信仰實況，以及簡要說明了與不動尊有關的一般知識。在第二章中，我則一邊利用第一章中已經述及的知識，一邊解說不動尊本身的特質及意義。有時因引用第一手資料，而需論述細微之處，此時我亦儘可能以平易為原則來說明之。

目前台灣的信徒們很少人認識不動尊、考察不動尊本身；即便有考察，卻多誤解或曲解，故而在執筆著書之際倍感吃力。而本書之問世足謂開啟先端。

不僅是不動尊，即便是基盤的密教，在學術上仍處於未開拓之領域。姑且不論漢譯大藏經及西藏語譯大藏經，梵語文獻尚有許多有待今後研究者。本書是一般的教養書，故而內文中還有許多值得學術界研究之處，希冀專家學者們賜教與批評。

國家圖書館出版品預行編目資料

不動明王信仰／釋惟勵著. -- 一版. -- 臺北
市：八正文化，2006〔民95〕
面：　　公分

ISBN 978-986-82500-1-7（平裝）

1. 藏傳佛教

226.96　　95015642

不動明王信仰

定價：280

作　　者	釋惟勵法師
編　　輯	密教入門系列編輯小組
封面設計	不倒翁視覺創意工作室
印　　刷	松霖彩色印刷事業有限公司
版　　次	2007 年 1 月一版一刷
發 行 人	陳昭川
出 版 社	八正文化有限公司 108 台北市萬大路 27 號 2 樓 TEL/ (02) 2336-1495 FAX/ (02) 2336-1493
登 記 證	北市商一字第 09500756 號
總 經 銷	創智文化有限公司 235 台北縣中和市建一路 136 號 5 樓 TEL/ (02) 2228-9828 FAX/ (02) 2228-7858

ISBN-13　978-986-82500-1-7
ISBN-10　986-82500-1-3